실용 중국어 독해

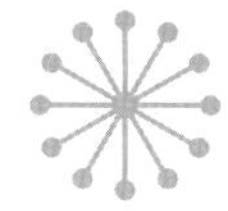

김명자 · 김현철 · 문대일 · 박용진 · 장용 · 조혜영 · 진남 지음

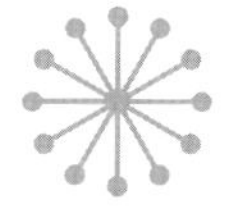

실용 중국어 독해

초판발행 2019년 6월 20일
1판 2쇄 2021년 11월 20일

저자 김명자, 김현철, 문대일, 박용진, 장용, 조혜영, 진남
책임 편집 가석빈, 최미진, 高霞, 엄수연
펴낸이 엄태상
디자인 김지연
조판 이서영
콘텐츠 제작 김선웅, 김현이, 유일환
마케팅 이승욱, 전한나, 왕성석, 노원준, 조인선, 조성민
경영기획 마정인, 조성근, 최성훈, 정다운, 김다미, 오희연
물류 정종진, 윤덕현, 양희은, 신승진

펴낸곳 시사중국어사(시사북스)
주소 서울시 종로구 자하문로 300 시사빌딩
주문 및 교재 문의 1588-1582
팩스 0502-989-9592
홈페이지 http://www.sisabooks.com
이메일 book_chinese@sisadream.com
등록일자 1988년 2월 13일
등록번호 제1 - 657호

ISBN 979-11-5720-151-8 (13720)

머리말

처음 외국어를 배울 때부터 늘 가졌던 생각이 있다. 교재에 나오는 표현만 다 학습하고 외우면 직접 현지에 갔을 때도 잘 적응할 수 있을까? 하지만 처음 중국에 가서 느낀 것은 교재에서 배운 것들과 실제 생활 회화는 똑같지 않았다.

그리고 많은 시간이 흘렀다. 이제는 가공된 언어 재료가 아닌 실제 현장에서 통용되는 살아있는 재료가 필요한 시기이다. 배운 만큼 제대로 자신의 생각을 표출하고, 전혀 낯설지 않도록 편안하게 다가갈 수 있는 그런 교재가 필요한 것이다.

여기에 중국 현지에서 사용되고 있는 각종 보충자료들로 구성된 새로운 개념의 책이 나왔다. 말 그대로 살아 움직이는 내용들이다. 이 책은 다음 두 가지의 요구에 부응하기 위해 집필되었다. 첫째, 해외 중국어 학습자의 수요에 부응하기 위함이고, 둘째, 제대로 된 실제 현장 중국어를 직접 학습하기 위함이다.

비행기 표와 열차 승차권, 영화표, 입장권 및 각종 공지사항 등의 내용을 중심으로 실용적인 독해 연습과 활용이 될 수 있게 꾸며 놓았다. 여기에 휴가와 외출 및 병가 신청서, 합격 통지서, 졸업증, 학생증, 명예증서, 청첩장, 부고에 이르기까지 생활 밀착형 내용들도 담았다. 또한 학력 증명서와 재직 증명서, 재학 증명서, 일기예보, 초빙 공고, 광고문, 상품 사용 설명서, 신청서, 물품 주문서, 입출국 카드 및 각종 규정과 서한 등도 싣고 있어 그야말로 싱싱한 중국어의 맛을 제대로 만끽할 수 있으리라 생각한다.

기존의 독해 교재의 틀을 완전히 벗어나 신선함을 넘어 신기하기까지 한 내용들이다. 적어도 중국어 학습에 있어서는 매우 드문 시도이다. 중국어의 듣기, 읽기, 쓰기, 말하기 언어능력 중 어느 것 하나도 소홀히 할 수 없듯이 이 교재로 중국어를 새롭게 학습해 나간다면 독해 실력뿐만 아니라 앞의 네 가지 언어기술도 충분히 정복할 수 있다고 확신한다.

가지 않고 두려워서 못한 것뿐이다. 이제는 미리 가 보고, 좋은 결과를 얻은 사람들이 손짓하는 것만 믿고 따라오면 된다. 우리가 알고 쓰는 언어 재료는 제한적이다. 그러므로 자주 쓰이는 표현과 형식을 익히고 활용한다면 현장에 가서도 전혀 주눅 들지 않고 현지인처럼 자연스럽게 말할 수 있다. 즉 언어학습의 4대 요소인 듣기, 말하기, 읽기, 쓰기를 골고루 학습하면서 이를 통한 독해 능력을 배양함으로써 단기간에 많은 어휘와 표현을 잘 배우고 적용할 수 있다는 말이다.

이 책을 집필하면서 우여곡절도 많았다. 하지만 좋은 교재와 좋은 교수법으로 학생들과 만날 날을 학수고대하면서 여러 분들과 머리를 맞대고 하나하나 풀어나갔다. 그리고 시사중국어사의 전폭적인 지지와 후원 덕분에 이 자리까지 올 수 있었다. 이 자리를 빌려 다시 한번 감사의 말씀을 드린다.

언제나 그랬듯 한 사람의 수고가 아닌 여러 사람들의 따뜻하고 정성 어린 손길이 또 하나의 산을 넘어 먼 곳을 바라보게 했다.

또다시 시작이다!

기해년 5월 철산서실에서

김명자, 김현철, 문대일, 박용진, 장용, 조혜영, 진남 적음

이 책의 구성

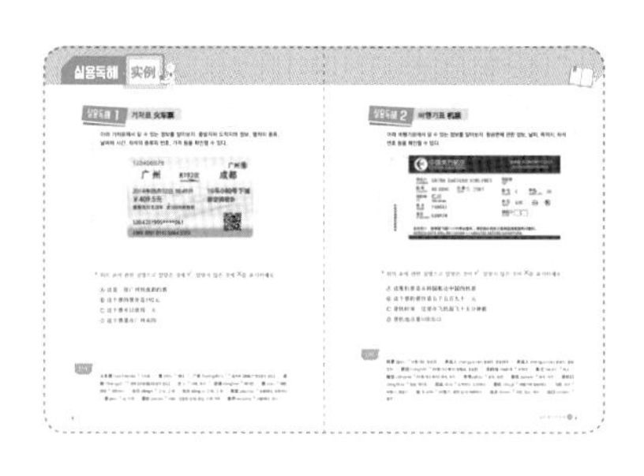

실용독해 实例 1・2

실생활에서 볼 수 있는 다양한 텍스트 정보를 활용하여
그 안에 담긴 정보를 확인해 봅니다.

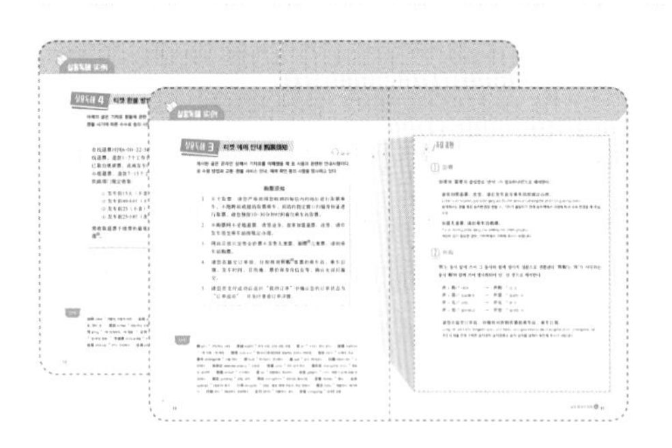

실용독해 实例 3・4

실생활에서 볼 수 있는 다양한 텍스트 정보를 살펴보고,
주요 어법 표현을 짚어 봅니다.

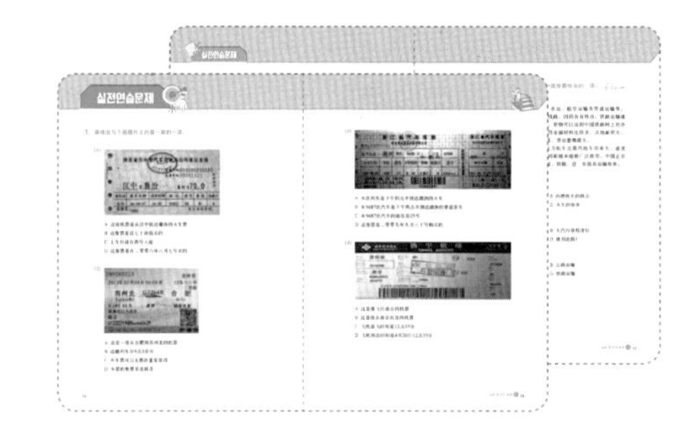

실전연습문제

다양한 문제 유형으로 독해 실력을 다집니다.

활동학습

해당 과에서 학습한 실례를 우리 주변에서 찾아보거나
학습자의 상황에 맞게 적용해 봅니다.

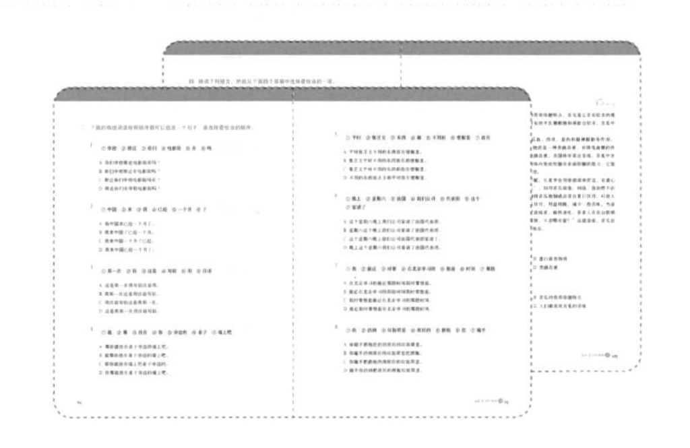

실전점검 Ⅰ・Ⅱ

新CPT 독해 문제 유형으로 독해 실력을 점검해 봅니다.

新CPT는 '생활 실용 커뮤니케이션 능력'을 측정하는 토익 방식의 중국어 실용능력시험입니다. 관련 상세 정보는 新CPT 홈페이지를 참고하세요. (한국 新CPT시험관리위원회 www.chinacpt.co.kr)

차례

여러 가지 표 (1)

중국에서 각종 표(票)의 사용은 신기할 정도로 다양합니다. 교통수단을 이용할 때나 관광명소를 관람할 때뿐만 아니라 물건을 구매할 때도 표를 사용합니다. 요즘은 온라인, 웹 모바일 전용의 표를 사용하기도 합니다. 본 과에서는 교통수단 이용을 위한 표, 관광지 유람을 위한 입장권 등을 소개합니다.

실용독해 

실용독해 1 기차표 火车票

아래 기차표에서 알 수 있는 정보를 알아보자. 출발지와 도착지의 정보, 열차의 종류, 날짜와 시간, 좌석의 종류와 번호, 가격 등을 확인할 수 있다.

▸ 위의 표에 관한 설명으로 알맞은 것에 ✓, 알맞지 않은 것에 ✗를 표시하세요.

Ⓐ 这是一张广州到成都的票

Ⓑ 这个票的票价是192元

Ⓒ 这个票可以使用一天

Ⓓ 这个票是在广州买的

단어

火车票 huǒchēpiào 명 기차표 | 售 shòu 동 팔다 | 广州 Guǎngzhōu 지명 광저우 [광둥(广东)성의 성도] | 成都 Chéngdū 지명 청두 [쓰촨(四川)성의 성도] | 次 cì 명 차례, 회차 | 空调 kōngtiáo 명 에어컨 | 限 xiàn 명 제한, 한정 동 제한하다 | 当日 dāngrì 명 그 날, 그 때 | 当次 dāng cì 그 때, 그 회 | 有效 yǒuxiào 형 유용하다, 유효하다 | 票 piào 명 표, 티켓 | 票价 piàojià 명 (차표 · 입장권 등의) 푯값, 티켓 가격 | 使用 shǐyòng 동 사용하다, 쓰다

실용독해 2 비행기표 机票

아래 비행기표에서 알 수 있는 정보를 알아보자. 항공편에 관한 정보, 날짜, 목적지, 좌석 번호 등을 확인할 수 있다.

中國東方航空
CHINA EASTERN

经济舱 ECONOMY CLASS
登机牌 BOARDING PASS

承运人 CARRIER CHINA EASTERN AIRLINES
常旅客 FQT
航班 FLUGHT NU 5591
日期 DATE 5. 29CT
舱位 CLASS C
序号 SERAL NO. 36
目的地 TO 仁川 Incheon
座位 SEAT 10E
姓名 NAME FANGXI
登机口 GATE 5
备注 REMARKS KUNMIN

航班/目的地/座位/序号

重要提示：航班起飞前15分钟停止登机，请您务必在此之前到达指定登机口登机。
NOTICE:GATE WILL BE CLOSED 15 MINUTES BEFORE DEPARTURE.

▶ 위의 표에 관한 설명으로 알맞은 것에 ✓, 알맞지 않은 것에 ✕를 표시하세요.

Ⓐ 这张机票是从韩国抵达中国的机票

Ⓑ 这个票的票价是五千五百九十一元

Ⓒ 登机时间一定要在飞机起飞十五分钟前

Ⓓ 登机地点是10E出口

단어

机票 jīpiào 명 비행기표, 항공권 | 承运人 chéngyùnrén 운송인, 운송업자 | 航班 hángbān 명 (비행기나 배의) 운행표, 항공편 | 目的地 mùdìdì 명 목적지 | 备注 bèizhù 명 비고 | 舱位 cāngwèi 명 (비행기나 배의) 좌석, 자리 | 序号 xùhào 명 순위, 순번 | 座位 zuòwèi 명 좌석, 자리 | 登机口 dēngjīkǒu 명 탑승 게이트 | 抵达 dǐdá 동 도착하다, 도달하다 | 登机 dēngjī 동 비행기에 탑승하다 | 飞机 fēijī 명 비행기, 항공기 | 起飞 qǐfēi 동 (비행기 · 로켓 등이) 이륙하다 | 地点 dìdiǎn 명 지점, 장소, 위치 | 出口 chūkǒu 명 출구

실용독해 3 티켓 예매 안내 购票须知

01-01

제시된 글은 온라인 상에서 기차표를 예매했을 때 표 사용과 관련된 안내사항이다. 표 수령 방법과 교환·환불 서비스 안내, 예매 확인 등의 사항을 명시하고 있다.

购票须知

1. 关于取票：请您严格按照您收到的短信内的地址进行取票乘车，不能跨站或越站取票乘车，到站内指定窗口扫描身份证进行取票，请您预留10–30分钟时间前往乘车站取票。
2. 本购票网不受理退票、改签业务，旅客如需退票、改签，请在发车前至乘车站按规定办理。
3. 网站目前只发售全价票不发售儿童票，如需[1]儿童票，请到乘车站购票。
4. 请您在提交订单前，仔细核对所购[2]客票的乘车站、乘车日期、发车时间、目的地、票价和身份信息等，确认无误后提交。
5. 请您在支付成功后返回“我的订单”中确认您的订单状态为“订单成功”，并及时查看订单详情。

단어

购 gòu 동 구입하다, 사다 | 须知 xūzhī 명 주의 사항, 안내 사항, 규정 | 取 qǔ 동 가지다, 찾다, 받다 | 按照 ànzhào 개 ~에 의해, ~에 따라 | 短信 duǎnxìn 명 메시지 [휴대전화로 발송하는 문자나 이미지] | 地址 dìzhǐ 명 소재지, 주소 | 乘车 chéngchē 동 차를 타다 | 跨 kuà 동 뛰어넘다, 건너뛰다 | 越 yuè 동 넘다, 뛰어넘다 | 扫描 sǎomiáo 동 스캔하다 | 身份证 shēnfènzhèng 명 신분증 | 预留 yùliú 동 미리 남겨 두다 | 乘车站 chéngchē zhàn 명 정류장, 승차역 | 受理 shòulǐ 동 수리하다 | 退 tuì 동 반환하다, 취소하다 | 改签 gǎiqiān 동 (기차 · 비행기 등의) 표를 변경하다 | 规定 guīdìng 명 규정, 규칙 | 网站 wǎngzhàn 명 (인터넷) 웹사이트 | 发售 fāshòu 동 팔다 | 全价 quánjià 명 (상품의) 정가 | 订单 dìngdān 명 (상품 · 물품 예약) 주문서, 주문 명세서 | 提交 tíjiāo 동 제출하다, 제기하다 | 仔细 zǐxì 형 세심하다, 꼼꼼하다 | 支付 zhīfù 동 지불하다, 내다 | 详情 xiángqíng 명 상세한 상황

1 如需

'如果'와 '需要'의 줄임말로 '만약 ~가 필요하다면'으로 해석한다.

- 旅客如需退票、改签，请在发车前至乘车站按规定办理。
  Lǚkè rú xū tuìpiào、gǎi qiān qǐng zài fā chē qián zhì chéngchē zhàn àn guīdìng bànlǐ.
  승객께서는 환불 혹은 승차변경을 원할 시, 기차가 출발하기 전에 승차역에서 규정에 따라 수속 변경을 해 주십시오.

- 如需儿童票，请到乘车站购票。
  Rú xū értóng piào, qǐng dào chéngchē zhàn gòupiào.
  어린이 표가 필요한 경우, 기차역에서 구매해 주시기 바랍니다.

2 所购

'所'는 동사 앞에 쓰여 그 동사와 함께 명사적 성분으로 전환된다. '所购'는 '所'가 '사다'라는 동사 '购'와 함께 쓰여 명사화되어 '산', '산 것'으로 해석한다.

- 所 + 购(동 사다) → 所购 명 산 것
  所 + 需(동 필요하다) → 所需 명 필요한 바
  所 + 见(동 보다) → 所见 명 본 것
  所 + 想(동 생각하다) → 所想 명 생각한 바

- 请您在提交订单前，仔细核对所购客票的乘车站、乘车日期。
  Qǐng nín zài tíjiāo dìngdān qián, zǐxì héduì suǒ gòu kèpiào de chéngchē zhàn、chéngchē rìqī.
  주문서 제출 전에 구매한 승차권의 승차정류소 승차 일자를 상세히 확인해 주시기 바랍니다.

실용독해 4 티켓 환불 방법 如何退票

01-02

아래의 글은 기차표 환불에 관한 규정이다. 온라인 상에서와 현장에서 환불할 경우, 환불 시기에 따른 수수료 등의 사항을 명시하고 있다.

如何退票

在线退票时间6:00-22:50，发车30分钟前可在订单详情中申请在线退票，退款1-7个工作日退回原支付账号。非在线退票时间，或已取出纸质票，或离发车时间不足30分钟，凭购票证件原件到车站办理退票，退款7-15个工作日退回原支付账号。退票手续费按照铁路部门规定收取：

① 发车前15天（不含）以上[1]，不收取手续费
② 发车前49小时（不含）以上[1]，手续费5%
③ 发车前25（不含）-49小时，手续费10%
④ 发车前25小时（含）以内[1]，手续费20%

需收取退票手续费的最低按2元收取，最终退款以铁路总局实退为准[2]。

단어

如何 rúhé 대 어떻게, 어떻게 하면 | 在线 zàixiàn 명 온라인 | 申请 shēnqǐng 동 신청하다 | 款 kuǎn 명 금액, 비용, 경비, 돈 | 退回 tuìhuí 동 되돌리다, 반송하다 | 原 yuán 형 본래의, 원래의 | 账号 zhànghào 명 계좌 번호 | 凭 píng 개 ~에 의거하여, ~에 의해 | 证件 zhèngjiàn 명 (학생증 · 신분증 등의) 증명서, 증거 서류 | 原件 yuánjiàn 명 (문서의) 원본 | 手续费 shǒuxùfèi 명 수수료, 수속비 | 铁路 tiělù 명 철도 | 部门 bùmén 명 부처, 부문, 부서 | 收取 shōuqǔ 동 받다, 수납하다 | 总局 zǒngjú 명 총국 | 准 zhǔn 명 표준, 기준

주요 표현

1 方位名词

방위사는 방향이나 위치를 나타내는 단어이다. 단순방위사와 합성방위사 두 종류로 나뉘는데, 단순방위사 '东', '西', '南', '北', '上', '下', '前', '后', '左', '右', '里', '外', '内', '中', '旁' 앞에 '以', '之'를 첨가하거나 뒤에 '边', '面', '头'를 덧붙이면 합성방위사가 된다.

	东	西	南	北	上	下	前	后	左	右	里	外	内	中	旁
以–	以东	以西	以南	以北	以上	以下	以前	以后	-	-	-	以外	以内	-	-
之–	-	-	-	-	之上	之下	之前	之后	-	-	-	之外	之内	之中	-
–边	东边	西边	南边	北边	上边	下边	前边	后边	左边	右边	里边	外边	-	-	旁边
–面	东面	西面	南面	北面	上面	下面	前面	后面	左面	右面	里面	外面	-	-	-
–头	东头	西头	南头	北头	上头	下头	前头	后头	-	-	里头	外头	-	-	-

2 以……为准

'以……为'는 '~을 ~으로 삼다' 혹은 '~을 ~으로 여기다'라는 뜻으로 뒤에 명사 '准'을 붙여 '~을 표준으로 삼다', '~을 기준으로 삼다' 혹은 '~을 규격으로 삼다'로 해석한다.

- 最终退款以铁路总局实退为准。
  Zuìzhōng tuìkuǎn yǐ Tiělù Zǒngjú shítuì wéi zhǔn.
  최종 환불은 철도국의 실제 환불을 기준으로 한다.

- 申请护照时使用的照片以三乘四为准。
  Shēnqǐng hùzhào shí shǐyòng de zhàopiàn yǐ sān chéng sì wéi zhǔn.
  여권 신청 시 사용되는 사진은 3×4cm를 규격으로 한다.

- 做操时，请以教练的动作为准。
  Zuòcāo shí, qǐng yǐ jiàoliàn de dòngzuò wéi zhǔn.
  체조할 때 코치의 동작을 표준으로 삼는다.

실전연습문제

1. 请选出与下面图片上内容一致的一项。

(1)

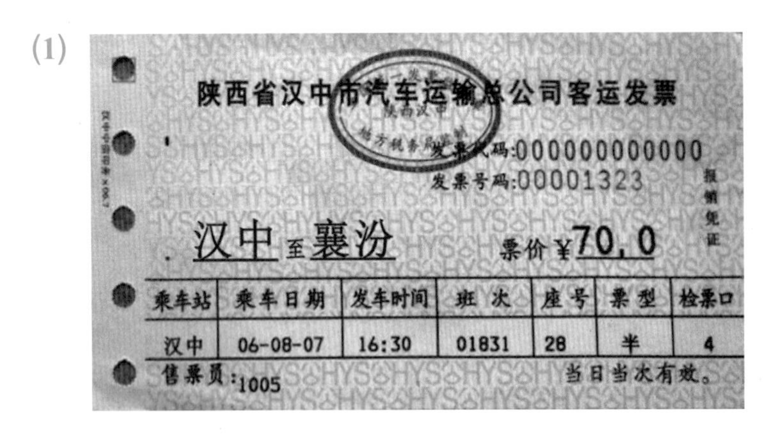

A 这张机票是从汉中抵达襄汾的火车票

B 这张票是花七十块钱买的

C 上车后请在四号入座

D 这张票是在二零零六年八月七号买的

(2)

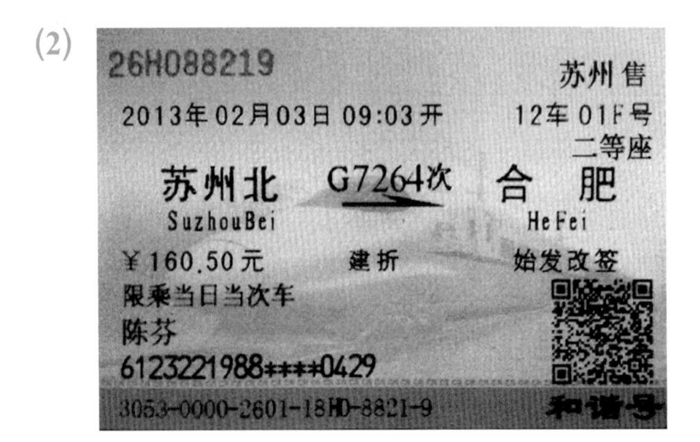

A 这是一张从合肥到苏州北的机票

B 这趟列车早9点3分开

C 本车票可以无数次重复使用

D 本票的售票员是陈芬

(3)

浙江省汽车客票
杭州长运客运站场有限公司
杭市A 00086661

杭州北站 - 湖州	票价 34.00 元( ) 全	快客	工号	YZ999		
乘车日期	车次	座号	开车时间	车种	检票口	票号
2009 09 30	5687	25	16:30	大高2	13	00086661

00086661

副联撕下不能退票

浙江省汽车客票
杭州长运客运站场有限公司

湖州 站	34.00(全) 元
乘车日期	车次
2009-09-30	5687

副联
杭市A 00086661

A 本次列车是下午四点半到达湖州的火车

B 本5687次汽车是下午四点半到达湖州的普通客车

C 本5687次汽车的座位是25号

D 这张票是二零零九年九月三十号购买的

(4)

A 这是张飞往南京的机票

B 这是张从南京出发的机票

C 飞机起飞时间是12点35分

D 飞机到达时间是4月20日12点35分

2. 从下面四个选项中选择最恰当的一项填在横线上。

(1) 网站目前______发售全价票不发售儿童票。

A 只　　B 都　　C 还　　D 另

(2) 本购票网不________退票、改签业务。

A 整理　　B 清理　　C 处理　　D 受理

(3) 请您在提交订单前________核对所购客票的乘车站。

A 明细　　B 确实　　C 仔细　　D 细致

3. 请选择排列顺序最恰当的一项。

(1) A 请到站内指定窗口扫描身份证取票进行。
B 请到站内指定窗口扫描身份证进行取票。
C 请指定窗口到站内扫描身份证进行取票。
D 请到站内指定窗口身份证扫描进行取票。

(2) A 不能跨站或越站乘车取票。
B 跨站或越站不能取票乘车。
C 不能跨站或越站取票乘车。
D 乘车不能跨站或越站取票。

(3) A 在发车前至乘车站按规定请办理。
B 请发车前在至乘车站按规定办理。
C 请在发车前至乘车站按规定办理。
D 请在发车前按规定办理至乘车站。

4. 阅读下列短文，然后从下面四个答案中选择最恰当的一项。 01-03

现在交通系统主要有铁路、公路、水运、航空运输及管道运输等。各种交通运输系统有自己的运输工具和线路。因而各有特点。铁路运输速度比较快，运载量比较大，运价不太高，货物可以运到中国铁路网上的各站。但是，建筑铁路造价比较高，消耗的金属材料比较多，占地面积大。目前，铁路运输是中国主要运输方式，客、货运量都最大。

火车的牵引机车中，内燃机车和电力机车比蒸汽机车功率大，速度快，并且不烧煤，对大汽污染程度轻，因而越来越被广泛使用。中国正在增加内燃机车和电力机车，使火车能多拉、快跑，进一步提高运输效率。

(1) 这段短文主要介绍了什么内容?

A 现代交通手段　　B 内燃机车的特点
C 铁路运输的特点　　D 火车的效率

(2) 内燃机车和电力机车都不烧煤，所以:

A 功率大　　B 大汽污染程度轻
C 速度快　　D 使用范围广

(3) 中国客、货运量最大的运输方式是:

A 航空运输　　B 公路运输
C 管道运输　　D 铁路运输

활동학습

收集日常生活中三种常用类型的票，贴在下面空格内，说明其用处。

➔

➔

➔

여러 가지 표 (2)

앞 과에 이어 이번 과에서도 중국인이 일상에서 사용하는 여러 가지 표 가운데 영화 관람 티켓, 신년회 입장 티켓 등을 소개합니다.

실용독해

실용독해 1 영화표 电影票

아래 영화표에서 알 수 있는 정보를 알아보자. 상영관과 좌석 번호, 영화 제목, 관람 날짜와 시간, 티켓 가격 등을 확인할 수 있다.

▸ 위의 표에 관한 설명으로 알맞은 것에 ✓, 알맞지 않은 것에 ✗를 표시하세요.

Ⓐ 此电影的正价票价格为15元

Ⓑ 此电影票购买时间为下午三点

Ⓒ 此电影票的座位位于第二十一排

Ⓓ 此电影票仅可在新天地国际影城使用

단어

电影票 diànyǐng piào 명 영화표 | 国际 guójì 명 국제 | 影城 yǐngchéng 명 영화관 | 影厅 yǐngtīng 명 영화 상영관 | 类别 lèibié 명 종류, 유형 | 影片 yǐngpiàn 명 영화 | 副 fù 형 부수적인, 부대적인 | 券 quàn 명 권, 증서, 표 | 场次 chǎngcì 명 (영화 · 연극 등의) 상영 횟수, 공연 횟수

실용독해 2 입장권 入场券

아래 신년회 입장권(초대권)에서 알 수 있는 정보를 알아보자. 신년회의 날짜와 시간, 장소, 주최자, 입장 조건 등을 확인할 수 있다.

▶ 위의 표에 관한 설명으로 알맞은 것에 ✓, 알맞지 않은 것에 X를 표시하세요.

Ⓐ 入场券的号码为0027

Ⓑ 入场前进行抽奖活动

Ⓒ 嘉旺元旦晚会时间是1月1日

Ⓓ 晚会由嘉旺餐饮连锁有限公司主办

단어

入场券 rùchǎngquàn 명 입장권 | 凭 píng 개 ~에 의거하여, ~에 근거하여 | 入场 rùchǎng 동 입장하다 | 抽奖 chōujiǎng 동 당첨자를 뽑다 | 撕毁 sīhuǐ 동 찢어 버리다 | 无效 wúxiào 동 무효하다, 효과가 없다 | 元旦 yuándàn 명 양력 1월 1일 | 晚会 wǎnhuì 명 연회, 공연 | 主办 zhǔbàn 동 주최하다 | 单位 dānwèi 명 직장, 기관, 단체

실용독해 3 영화표 예매 방법 电影票订票流程

02-01

온라인 상에서 영화표를 예매하는 절차를 제시한 글이다. 사이트에 접속하여 로그인을 한 후에 영화관, 영화 선택, 관람료 결재까지의 과정을 설명하고 있다.

电影票订票流程

第一步：登录后，请选择您所在的城市。本网站目前支持上海、北京、广州、南京、苏州、昆山、杭州、合肥、深圳等各大热门城市，全国千余家影院的在线选座订票服务，更多影院及[1]城市正在不断加入中。

第二步：在首页的快速购票入口选择您喜欢的电影或影院。

第三步：点击“快速购票”，进入影片详情页选择语言。

第四步：选定影片和观看日期后选择场次进行选座。

第五步：选座后，输入取票手机号码和验证码。点击“提交订单”。

第六步：提交订单后，选择在线支付方式并[1]支付。完成购票流程。

http://www.spider.com.cn/help/dplc.html

단어

订票 dìngpiào 동 표를 예매하다 | **流程** liúchéng 명 과정, 공정 | **登录** dēnglù 명 로그인하다 | **选择** xuǎnzé 동 고르다, 선택하다 | **支持** zhīchí 동 지지하다 | **热门** rèmén 명 인기 있는 것, 유행하는 것 | **余** yú 수 ~여, 남짓 | **服务** fúwù 명 일, 근무, 서비스 동 일하다, 서비스하다, 봉사하다 | **不断** búduàn 부 계속해서, 부단히, 끊임없이 | **首页** shǒuyè 명 홈페이지, 초기 화면 | **快速** kuàisù 형 신속하다, 빠르다 | **详情页** xiángqíngyè 명 상세 정보 페이지 | **观看** guānkàn 동 보다, 관람하다 | **输入** shūrù 동 입력하다 | **验证码** yànzhèngmǎ 명 인증번호 | **点击** diǎnjī 동 클릭(click)하다

주요 표현

1 及&并

'及'는 명사 또는 명사구를 연결하여 병렬관계를 나타내며, '并'은 동사나 동사구 또는 절을 연결하여 점층관계를 나타낸다.

- 白色及浅色请分开单独洗涤。
  Báisè jí qiǎnsè qǐng fēnkāi dāndú xǐdí.
  흰색 및 연한색과 분리하여 단독 세탁해 주시길 바랍니다.

- 作家虽有病在身，但还是亲自来参加了晚会并送了亲笔字画。
  Zuòjiā suī yǒu bìng zài shēn, dàn háishi qīnzì lái cānjiā le wǎnhuì bìng sòng le qīnbǐ zìhuà.
  작가는 비록 병중에도 친히 저녁 모임에 참가하였고, 아울러 친필의 서예 작품과 그림을 선물하였다.

실용독해 4 신년회 주의 사항 元旦晚会注意事项

02-02

제시된 글은 신년 만찬회와 관련된 주의 사항이다. 입장, 관람, 퇴장 시 주의 사항에 대해 설명하고 있다.

元旦晚会注意事项

为了[1]使您愉快地欣赏晚会，请仔细阅读以下注意事项，并在观看晚会时遵守，感谢您的配合。

一，请您配合现场工作人员，按[2]顺序依次进场。
二，进入会场后，请听从工作人员安排，依次就座。
三，观看演出前请将您的手机调至静音状态。
四，请文明观看，保持会场安静，爱护场内物品，如有违反，工作人员有权要求制造混乱者离场。
五，晚会结束后，请听从工作人员安排，依次退场。

단어

注意 zhùyì 동 주의하다, 조심하다 | 事项 shìxiàng 명 사항 | 愉快 yúkuài 형 기쁘다, 유쾌하다, 즐겁다 | 欣赏 xīnshǎng 동 감상하다 | 阅读 yuèdú 동 읽다, (책이나 신문을) 보다 | 以下 yǐxià 명 그 다음(의 말), 아래(의 말) | 遵守 zūnshǒu 동 (규정 등을) 준수하다, 지키다 | 配合 pèihé 동 협동하다, 호응하다 | 现场 xiànchǎng 명 현장, 현지 | 依次 yīcì 부 순서에 따라, 차례대로 | 进场 jìnchǎng 동 입장하다 | 听从 tīngcóng 동 (남의 말을) 듣다, 따르다, 복종하다 | 安排 ānpái 동 (인원 · 시간 등을) 안배하다, 준비하다 | 就座 jiùzuò 동 자리에 앉다, 착석하다 | 演出 yǎnchū 명 공연 | 调 tiáo 동 조정하다, 조절하다 | 静音 jìngyīn 명 무음 모드 | 状态 zhuàngtài 명 상태 | 违反 wéifǎn 동 (법률 · 규정 따위를) 위반하다, 어기다 | 有权 yǒuquán 동 실권을 장악하다, 권력을 지니다 | 混乱 hùnluàn 형 혼란하다, 문란하다, 어지럽다 | 退场 tuìchǎng 동 퇴장하다

1 为了

'为了'는 동사 또는 절 앞에 쓰여 원인이나 목적을 나타낸다.

- 为了考上大学，他加倍努力复习。
  Wèi le kǎoshàng dàxué, tā jiābèi nǔlì fùxí.
  대학에 합격하기 위하여 그는 더욱 열심히 공부한다.

- 为了在天黑前到达，我们早早地动了身。
  Wèi le zài tiānhēi qián dàodá, wǒmen zǎozǎo de dòng le shēn.
  날이 어두워지기 전에 도착하기 위하여 우리는 일찍 출발했다.

2 按

'按'은 뒤에 명사와 함께 쓰여 어떤 규칙이나 조건 또는 기준에 '준하다', '의거하다'라는 뜻으로 해석한다.

- 按指示办事。
  Àn zhǐshì bànshì.
  지시에 따라 일을 처리하다.

- 按编目查找图书。
  Àn biānmù cházhǎo túshū.
  목록에 따라 도서를 찾아보다.

실전연습문제

1. 请选出与下面图片上内容一致的一项。

(1)

A 清华大学位于上海

B 持此券可参加抽奖活动

C 此次新春联欢晚会在元旦举行

D 晚会举办场所是清华大学继续教育学院

(2)

A 这是一张正价票

B 此影厅共有九十个座位

C 影片上映时间为晚上八点半

D 此电影为英文电影

(3)

使用说明

1. 使用前副券不得撕毁，否则视为无效。
2. 凭票进场，请使用文明用语。
3. 观影期间不得大声喧哗，乱扔果皮纸屑。
4. 请勿携带有壳类食品入场，场内禁止吸烟。
5. 1.3m以下儿童享受六折优惠。
6. 影院有权在法律允许范围内对活动细则做适当调整。

地址：新干县步行街7栋（老电影院旧址，秀峰门口）
咨询电话：0796-2626689

电影票

副券

A 此影院有权调整活动细则

B 此影院禁止携带食物入场

C 所有儿童均可享受六折优惠

D 观影期间不得撕毁电影票副券

(4)

使用须知

- 请您妥善保管好入场券，凭此券出席本次活动;
- 活动开始前请凭此入场券签到;
- 为保证本次活动准时开始，建议您提前10分钟到达现场;
- 为共同营造良好的氛围，活动期间请保持您的手机处于静音或震动状态;
- 请妥善保管好自己的随身物品，以免因错拿给您带来不便。

A 活动期间务必关机

B 活动结束后需签到才能离场

C 最好在活动开始十分钟前到达现场

D 随身物品应交于工作人员保管

2. 从下面四个选项中选择最恰当的一项填在横线上。

(1) 本次活动所用场地______无烟场地。

A 当　　B 为　　C 成　　D 变

(2) 每______订单最多可购买五张电影票。

A 双　　B 支　　C 匹　　D 笔

(3) 如遇特殊情况，请________工作人员指挥。

A 按时　　B 配合　　C 任凭　　D 尽管

3. 请选择排列顺序最恰当的一项。

(1) A 请在完成支付三十分钟内。
B 请支付在三十分钟内完成。
C 请三十分钟内在完成支付。
D 请在三十分钟内完成支付。

(2) A 不可使用叠加方式以下优惠。
B 以下使用叠加不可优惠方式。
C 不可叠加优惠方式以下使用。
D 以下优惠方式不可叠加使用。

(3) A 严禁携带易燃危险品以及管制刀具入场。
B 严禁易燃危险品以及管制道具携带入场。
C 严禁携带以及管制刀具易燃危险品入场。
D 严禁管制刀具以及易燃危险品入场携带。

4. 阅读下列短文，然后从下面四个答案中选择最恰当的一项。 02-03

迎新晚会入场须知

1. 入场时间：
   VIP票（纸质票）入场时间为19:00
   普通票（纸质票与电子票）入场时间为19:05
   请参加的同学合理规划时间，按时到达会场，在指定时间内有序入场。
2. 入场时请拿好票，服从工作人员指挥，不要拥挤，排队有序进场。
3. 在晚会开始前，已入场的同学若出场则不得再次入内，以免给检票的工作人员带来不必要的麻烦。如果有特殊情况，请和场地中的工作人员说明。
4. 晚会中请注意保持会场清洁，不要随意走动，以免影响其他同学观看。
5. 如对检票和入场事宜有任何疑问，请向会场工作人员咨询。

(1) 下列选项中，不属于此次晚会入场券的一项是？

A 纸质VIP票　　B 纸质普通票
C 电子VIP票　　D 电子普通票

(2) 这次迎新晚会的举办方是？

A 跨国公司　　B 政府机关
C 大学学生会　　D 社区居委会

(3) 下列选项中，说法正确的一项是？

A 入场后不可随意走动　　B 如有疑问可向工作人员咨询
C 持VIP票者入场时无需排队　　D 晚会于晚上七点开始举行

활동학습

收集日常生活中三种常用类型的票，贴在下面空格内，说明其用处。

➔

➔

➔

신청서

직장, 학교 등 사회집단의 구성원이라면 개인 사유로 인한 휴가·외출 등의 신청서를 작성해야 할 때가 많습니다. 중국에서는 이러한 신청서를 총칭하여 请假条라고 합니다. 각 상황에 따라 事假请假条、病假条、产假请假条、婚假请假条、丧假请假条 등을 작성하여 제출합니다. 본 과에서는 가장 많이 사용되는 请假条를 중심으로 그 격식과 작성 방법을 소개합니다.

실용독해 1 휴가·외출 등의 신청서 **请假条**

03-01

아래 휴가 신청서에서 알 수 있는 정보를 알아보자. 휴가를 신청하는 사유와 휴가 기간, 신청인, 날짜 등을 확인할 수 있다.

请假条

尊敬的所领导:

根据国家公务员休息条例，按规定本人参加工作的年限已满一年，可享有每年五天的年休假期。本人定于2015年4月26日~30日休年休假期。

请给予批准，为盼。

请假人：高霞

2015年4月20日

▶ 위의 글에 관한 설명으로 알맞은 것에 ✓, 알맞지 않은 것에 ✕를 표시하세요.

Ⓐ 这个人是学生

Ⓑ 这个人请了五天假

Ⓒ 这个人请了七天暑假

Ⓓ 这是一张因为生病请假的病假条

단어

请假条 qǐngjiàtiáo 명 휴가원, 결석계, 결근계 | **尊敬** zūnjìng 명 존경 동 존경하다 | **领导** lǐngdǎo 명 영도자, 지도자 | **根据** gēnjù 개 ~에 의거하여[동작 행위의 근거를 끌어들임] | **公务员** gōngwùyuán 명 공무원 | **条例** tiáolì 명 조례, 조항 | **按** àn 개 ~에 의거하여, ~에 따라서 | **享有** xiǎngyǒu 동 (권리 · 명예 등을) 향유하다, 누리다 | **定于** dìngyú (~에) 예정하다 | **假期** jiàqī 명 휴가 기간 | **给予** jǐyǔ 동 주다, 부여하다 | **批准** pīzhǔn 동 비준하다, 허가하다, 승인하다 | **为盼** wéipàn 동 희망하다, 바라다 [서신의 말미에 쓰임]

실용독해 2 병가 신청서 病假条

03-02

아래 병가 신청서에서 알 수 있는 정보를 알아보자. 신청인의 신분, 아픈 증상, 병가 기간, 첨부 자료, 신청인, 날짜 등을 확인할 수 있다.

病假条

陈老师：

我因头疼发热，今天上午经医生诊断为病毒性流感，不能坚持到校上课，特请假两天，（5月9日至10日），请予批准。

此致

敬礼

附：医生证明

请假人：贾斌斌

2010年5月8日

▶ 위의 글에 관한 설명으로 알맞은 것에 ✓, 알맞지 않은 것에 ✗를 표시하세요.

Ⓐ 这是一张事假条

Ⓑ 这是一张向领导请假的假条

Ⓒ 这个人生病了，不能上课

Ⓓ 这个人向老师请了三天假

단어

病假条 bìngjiàtiáo 명 병가 신청서 | 头疼 tóuténg 동 머리가 아프다 | 发热 fārè 동 온도가 올라가다, 발열하다 | 诊断 zhěnduàn 동 진단하다 | 病毒 bìngdú 명 병균 | 流感 liúgǎn 명 유행성 감기 | 坚持 jiānchí 동 견지하다, 굳건히 보지하다 | 此致 cǐzhì 동 이에 ~에게(님께) 보내다 | 敬礼 jìnglǐ 명 경례 동 경례하다 | 附 fù 동 부가하다, 덧붙이다, 동봉하다 | 证明 zhèngmíng 명 증명 동 증명하다

실용독해 3 휴가서 작성 안내 1

03-03

제시된 글은 휴가서를 작성하는 방법이다. 제목은 어떻게 쓰며, 누구에게 써야 하는지에 대하여 설명하고 있다.

· **标题**

在请假条上方的中央位置，用较大的字体注明“请假条”三个字，根据请假事由的不同，也可以将“产假”两个字加上，注明“产假请假条”也是可以的。

· **向谁请假**[1]

根据每个单位请假制度的不同，有时候需要向单位办公室请假，有时候需要向人事部门请假，有时候需要向某位领导请假，不管向谁请假，在标题下方、正文的左上方都需要写明向谁请假，应该顶格写上“某某单位办公室”、“尊敬的某某单位领导”等称呼，称呼后面加上冒号。

단어

标题 biāotí 명 표제, 제목 | **中央** zhōngyāng 명 중앙, 한가운데 | **位置** wèizhi 명 위치 | **字体** zìtǐ 명 글자체 | **注明** zhùmíng 동 주를 달아 밝히다, 상세히 주를 달다 | **产假** chǎnjià 명 출산 휴가 | **制度** zhìdù 명 제도 | **办公室** bàngōngshì 명 사무실, 오피스 | **需要** xūyào 동 필요하다, 요규되다 | **顶格** dǐnggé 동 정격으로 정열하다 [글자를 가로줄 맨 왼쪽 칸 또는 세로줄 맨 위쪽 칸에 쓰거나 조판하는 것] | **称呼** chēnghu 명 호칭 동 ~(이)라고 부르다

1 请假

'휴가를 신청하다', '(조퇴·외출·결근·결석 등의) 허가를 받다'라는 뜻으로 이합사이다.

- 请假探亲。
  Qǐngjià tànqīn.
  휴가를 신청하여 친척을 방문하다.

- 因为有事不得不请假。
  Yīnwèi yǒu shì bùdébù qǐngjià.
  일이 있어서 휴가를 얻지 않으면 안 된다.

실용독해 4 휴가서 작성 안내 2

03-04

실용독해3의 휴가서 작성 안내에 관해 이어지는 글이다. 휴가 사유 기재, 서명과 날짜 기재 등을 알려주고 있다.

· **落款**

请假条正文结束之后，在请假条的右下角写明请假人的姓名，格式是“申请人：某某”，也可以更加具体的注明申请人的部门，格式是“○○○（部门）○○○（姓名）”。

· **时间**

落款写完之后，另起一行，在落款的正下方，注明时间，这个时间一般是提交请假条的时间，譬如我在今年11月10日写了请假条，在11月16日将请假条提交给了单位相关部门或是相关领导，那么日期一般写“2012年11月16日”。

· 按照[1]上述4个步骤，产假请假条就完成了。

단어

落款 luòkuǎn 명 발신인(수신인) 이름 | **结束** jiéshù 동 끝나다, 마치다 | **格式** géshi 명 서식, 양식 | **申请** shēnqǐng 동 신청하다 | **更加** gèngjiā 부 더욱, 더, 훨씬 | **具体** jùtǐ 형 구체적이다 | **譬如** pìrú 동 예를 들다 | **提交** tíjiāo 동 제출하다 | **相关** xiāngguān 동 상관되다, 관련되다 | **按照** ànzhào 개 ~에 의해, ~에 따라 | **步骤** bùzhòu 명 (일이 진행되는) 순서, 절차, 차례

1 按照

'~에 의거하여'라는 뜻으로 주로 뒤에 기준이 되는 대상이 나온다. 일반적으로 문장의 맨 앞에 쓰이며 공적인 문서의 격식이나 법률·규칙·규례 등이 오는 경우가 많다.

- 按照验收标准进行试套。
  Ànzhào yànshōu biāozhǔn jìnxíng shìtào.
  감사 표준에 의거하여 예비 감사를 시행하다.

- 按照法理判决。
  Ànzhào fǎlǐ pànjué.
  법리에 따라 재판하다.

실전연습문제

1. 请选出与下面图片上内容一致的一项。

(1)

请假条

王老师：

　　我妈妈生病了，爸爸又出差不在家。今天上午我要陪妈妈去医院看病，特请假半天。请准假。

您的学生 李晓芳

5月10日

A 这是一张病假条

B 这个学生的爸爸生病了

C 这个学生要陪妈妈去医院看病

D 这个学生请了一天的假

(2)–(4)

员工请假管理制度

　　为了加强公司员工的劳动纪律，切实提高工作效率，特制定惠宁分公司员工请假管理制度。

一、公司员工请假程序及审批权限

（一）公司管理人员请假需履行审批手续，即填写《公司管理人员请假审批单》，病假需持医院开具的诊断书。

（二）公司副职请病事假必须由经理批准，并办理审批手续。

（三）公司部门负责人及其他管理人员，请病事假，1天以内由综合办主任批准，2天以内由分管领导批准，3天及以上则由经理批准。并办理签批手续。

二、公司员工请假的相关规定

（一）公司管理人员请病假或事假必须填写病事假条，病假须提供医院诊断证明。

（二）一般疾病的病假一次不能超过3天，全年累计不能超过10天。重大疾病一次不能超过10天，超过10天可凭医院证明续假。

（三）事假每次不超过2天，全年累计不超过7天，超过7天者不享受年终奖金等待遇。

（四）无故不请假旷工1天者，除批评教育外，扣除全月工资的20%；旷工2天者，扣除全月工资的50%；旷工3天以上（含3天）5天以内者，扣除当月全部工资。

（五）无故不请假旷工者每月累计5天，半年旷工累计10天（含10天）以上者，公司予以解除劳动关系并上报一建公司。

本管理制度由分公司综合办公室负责解释。

(2) A 这是关于公司员工请假的管理制度

B 这是关于公司员工出勤的管理制度

C 这是关于公司员工升职的管理制度

D 这是关于公司员工退职的管理制度

(3) A 请病假或事假需要填写医院证明

B 请病假或事假需要填写领导书信

C 请病假或事假需要填写请假条

D 请病假或事假需要填写管理制度

(4) A 事假一次不能超过5天

B 请假全年累计没有限制

C 病假超过10天就不能请假了

D 一般病假一次不能超过3天

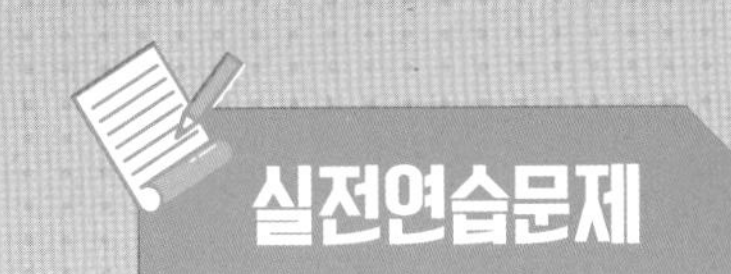

2. 从下面四个选项中选择最恰当的一项填在横线上。

(1) 因为身体不舒服，今天______老师请假一天。

A 朝　B 向　C 对　D 往

(2) ______家里有事，今天不得不请假一天。

A 所以　B 关于　C 对于　D 由于

(3) 请假的话，需要在______上写明请假的原因。

A 通知书　B 书信　C 请假条　D 便利条

3. 请选择排列顺序最恰当的一项。

(1) A 请提前一天向有关部门提交请假条。
B 请向有关部门提交请假条提前一天。
C 请提交请假条向有关部门提前一天。
D 请提前一天提交请假条向有关部门。

(2) A 一次性事假不得超过三天。
B 一次性不得超过三天事假。
C 事假一次性不得超过三天。
D 超过三天不得一次性事假。

(3) A 在本公司服务满一年五天带薪休假可享受。
B 在本公司服务满一年可享受五天带薪休假。
C 满一年服务可享受带薪休假五天在本公司。
D 带薪休假五天可享受服务满一年在本公司。

4. 阅读下列短文，然后从下面四个答案中选择最恰当的一项。

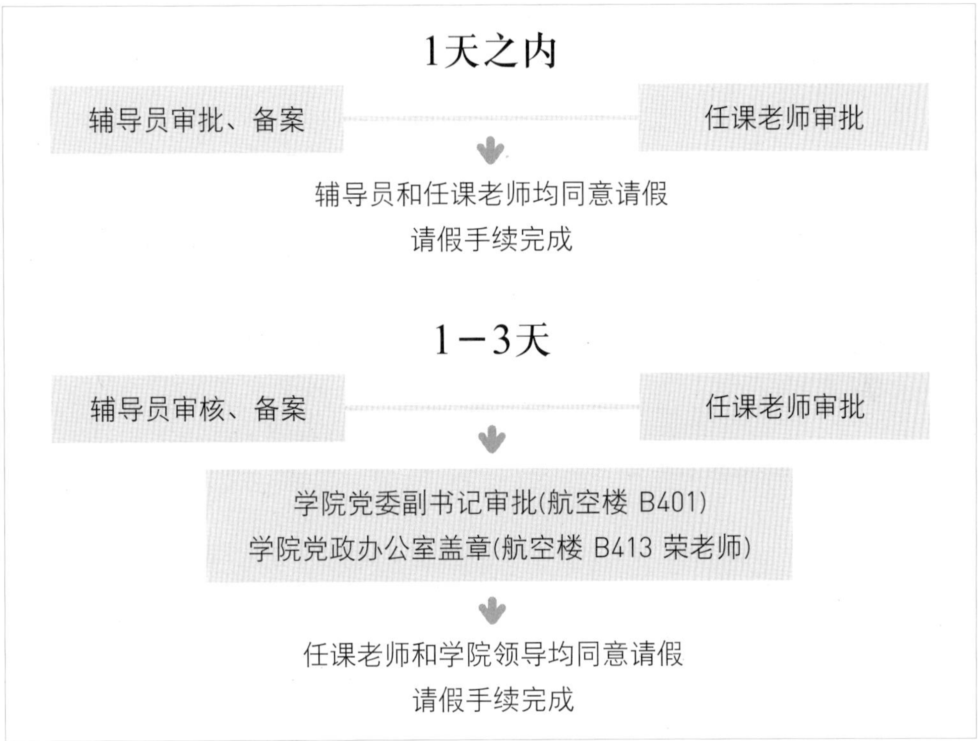

1天之内

辅导员审批、备案 —— 任课老师审批

↓

辅导员和任课老师均同意请假
请假手续完成

1－3天

辅导员审核、备案 —— 任课老师审批

↓

学院党委副书记审批(航空楼 B401)
学院党政办公室盖章(航空楼 B413 荣老师)

↓

任课老师和学院领导均同意请假
请假手续完成

(1) 这个流程表是关于什么的流程?

A 会议　　B 升职　　C 辞职　　D 请假

(2) 如果要请假应该最先向谁请假?

A 辅导员　　B 任课老师
C 学院党委副书记　　D 荣老师

(3) 如果请两天假，最后应该谁来审批?

A 任课老师　　B 荣老师
C 学院党委副书记　　D 辅导员

请在下面空格内附加一张请假条的内容，说明其用处。

알림글

우리나라와 마찬가지로 중국에서도 결혼, 장례, 연회, 각종 이벤트 등 중요한 행사를 진행할 때, 친지와 친구들에게 초대장을 보냅니다. 본 과에서는 중국인이 일상생활에서 자주 주고 받는 청첩장, 부고장, 초대장 등을 소개합니다.

실용독해 1 청첩장 请柬

04-01

아래 청첩장에서 알 수 있는 정보를 알아보자. 결혼식 날짜, 장소, 신랑과 신부의 이름 등을 확인할 수 있다.

▶ 위의 청첩장에 관한 설명으로 알맞은 것에 ✓, 알맞지 않은 것에 X를 표시하세요.

Ⓐ 这是一张订婚请柬

Ⓑ 典礼将在酒店的大厅举行

Ⓒ 新娘的名字是梁山伯

Ⓓ 这是一封非常诚恳的邀请函

단어

请柬 qǐngjiǎn 명 초청장, 청첩장 | 沉浸 chénjìn 동 몰두하다, 빠지다 | 幸福 xìngfú 명 행복 동 행복하다 | 举行 jǔxíng 동 거행하다, 실시하다 | 典礼 diǎnlǐ 명 식, 행사, 의식 | 结婚 jiéhūn 동 결혼하다 | 酒店 jiǔdiàn 명 호텔 | 新郎 xīnláng 명 신랑 | 新娘 xīnniáng 명 신부 | 光临 guānglín 명 왕림 동 왕림하다 | 祝福 zhùfú 명 축복 동 축복하다 | 荣耀 róngyào 명 영광 형 영광스럽다 | 恭候 gōnghòu 동 공손히 기다리다 | 订婚 dìnghūn 동 약혼하다 | 诚恳 chéngkěn 형 간절하다 | 邀请函 yāoqǐng hán 초대장

실용독해 2 부고 讣告

04-02

아래 부고에서 알 수 있는 정보를 알아보자. 임종자, 임종 날짜, 가족 사항 등을 확인할 수 있다.

讣告

贤妻骆崇娥女士于2014年7月17日晚7时因病仙逝。享年61岁。

病重期间得到亲朋好友悉心照顾和帮助，家属怀着一颗感恩之心深表感谢。依逝者遗愿不再举行追悼会，依此公告。

丈夫：辛毅率
女儿：辛　琦
女婿：潘　鹊
外孙：潘　豹　泣告

2014年7月22日

▶ 위의 부고에 관한 설명으로 알맞은 것에 ✓, 알맞지 않은 것에 X를 표시하세요.

Ⓐ 家属打算近期举行追悼会

Ⓑ 当事者因意外事故不幸去世

Ⓒ 家属向亲朋好友表达关心之情

Ⓓ 当事者重大疾病导致死亡

단어

讣告 fùgào 명 부고 동 부고하다 | 仙逝 xiānshì 동 서거하다, 사망하다 | 享年 xiǎngnián 명 향년 | 悉心 xīxīn 동 마음을 다하다, 전심전력하다 | 照顾 zhàogù 동 돌보다, 보살펴 주다 | 家属 jiāshǔ 명 가족 | 依 yī 개 ~에 따라, ~대로 | 逝者 shìzhě 명 고인, 죽은 사람 | 遗愿 yíyuàn 명 남긴 염원 | 追悼会 zhuīdàohuì 명 추도회 | 女婿 nǚxu 명 사위 | 外孙 wàisūn 명 외손자 | 当事者 dāngshìzhě 명 당사자, 관계자 | 去世 qùshì 동 세상을 떠나다, 사망하다 | 疾病 jíbìng 명 병, 질병

실용독해 3 결혼식 초대 结婚请柬

04-03

아래는 이웃에게 자녀의 결혼을 알리는 초대글이다. 결혼식에 관해 알 수 있는 정보를 확인해 보자.

结婚请柬

尊敬的诸位至亲高朋:

现住20号楼32单元303室的王启超与林慧之爱女王晓蕾与贤婿周锦举办婚礼，喜结良缘。

佳期定于[1]2018年3月25日，宴席设在北京王府井饭店。

佳期临近，因新县城搬迁，住居分散，诸事繁杂，不能逐一登门拜访，如有不周，敬请海涵；届时敬请各位至亲高朋光临。

王启超、林慧 恭请

2015年3月15日

단어

诸位 zhūwèi 명 여러분 | 至亲 zhìqīn 명 가장 친한 친척, 지친, 육친 | 高明 gāomíng 명 고명한 사람 형 고명하다, 현명하다 | 贤婿 xiánxù 명 사위 [미칭] | 良缘 liángyuán 명 좋은 인연 | 佳期 jiāqī 명 결혼 날짜, 좋은 시기 | 定于 dìngyú (~에) 예정하다 | 宴席 yànxí 명 연회석, 피로연 | 临近 línjìn 동 (시간 · 거리 등이) 근접하다 | 搬迁 bānqiān 동 이사하다 | 繁杂 fánzá 동 번잡하다 | 拜访 bàifǎng 명 방문 동 예를 갖추어 방문하다 | 不周 bùzhōu 동 주도면밀하지 못하다 | 海涵 hǎihán 동 (넓은 아량으로) 너그럽게 용서하다 | 届时 jièshí 동 정한 기일이 되다 | 恭请 gōngqǐng 공손하게 초대하다

주요 표현

1 定于

일반적으로 '定于' 뒤에는 날짜, 시간, 요일 등이 오며, '~예정이다'로 해석한다.

- 淮北高铁定于12月28日正式运行。
  Huáiběi gāotiě dìngyú shí'èr yuè èrshíbā rì zhèngshì yùnxíng.
  화이베이 고속열차는 12월 28일 정식으로 운행될 예정이다.

- 河北省第十三届运动会定于2018年10月20日开幕，10月25日结束。
  Héběi shěng dì shísān jiè yùndònghuì dìng yú èr líng yī bā nián shí yuè èrshí rì kāimù, shí yuè èrshíwǔ rì jiéshù.
  허베이성 제13회 운동회는 2018년 10월 20일에 개막하고, 10월 25일에 폐막할 예정이다.

- 本次聚会定于星期六下午六点集合。
  Běn cì jùhuì dìng yú xīngqīliù xiàwǔ liù diǎn jíhé.
  이번 모임은 토요일 오후 6시에 모일 예정이다.

실용독해 4 부고 讣告

04-04

아래는 어느 대학에서 공지한 교직원 부고이다. 다음에서 알 수 있는 정보를 확인해 보자.

讣告

北京师范大学文学院教授高保新先生，因病医治无效，于2018年3月5日上午10点10分在北京逝世，享年64岁。

根据高老先生遗愿和家属意愿，治丧期间不设灵堂，不收花圈，一切从简[1]办理。兹定于3月7日上午10点整，在北京市八宝山殡仪馆举行告别仪式，望高老师生前亲朋好友、同事、学生周知。

北京师范大学文学院
2018年3月5日

단어

教授 jiàoshòu 명 교수 동 교수하다 | 医治 yīzhì 동 치료하다 | 逝世 shìshì 동 서거하다, 세상을 뜨다 | 治丧 zhìsāng 동 장사(葬事)를 지내다 | 灵堂 língtáng 명 영정을 모신 방 | 花圈 huāquān 명 화환 | 从简 cóngjiǎn 부 간략하게 동 간략하게 하다 | 兹 zī 명 현재 대 이, 이것 | 殡仪馆 bìnyíguǎn 명 장의사(葬仪社) | 告别gàobié 동 작별 인사를 하다, 죽은 자를 보내며 애도하다 | 仪式 yíshì 명 의식 | 周知 zhōuzhī 동 모두가 알다, 널리 알리다

주요 표현

1 从简

'从简'은 동사로 쓰일 때, 결혼, 장례 등의 절차를 '간략하게 하다', '간소하게 하다'라는 뜻으로 사용된다.

- 婚事从简
  hūnshì cóngjiǎn
  결혼식을 간소하게 치르다
- 葬礼从简
  zànglǐ cóngjiǎn
  장례를 간소하게 하다
- 一切从简
  yíqiè cóngjiǎn
  모든 것을 간소화하다

1. 请选出与下面图片上内容一致的一项。

(1)

邀请函

幸运号：8888

为了感谢您长期以来的支持与厚爱，非常荣幸邀请阁下参加深圳五星酒店新年晚宴。晚宴将在2018年1月1日酒店二楼大宴会厅举行。具体的晚宴节目安排，如下：

19:00 晚宴开始

19:20 总经理致辞

19:30-21:20 用餐时段。期间穿插表演：唱诗班、魔术、游戏等。

21:25 最大奖抽奖（凭此邀请函领取）

21:30 晚宴结束

期待您的光临。

2017年12月20日
深圳五星酒店

A 抽奖时必须持此邀请函　　B 酒店的总经理不参加此次晚宴

C 用餐后可以观看各种游戏　　D 参加者没有机会获得抽奖礼物

(2)

请柬

兹定于2018年3月10日（星期六）下午7时30分，在中央音乐学院新楼演奏厅举行《小提琴独奏音乐会》。

敬请光临。

（凭柬入场）　　中央音乐学院管弦乐系
2018.02.20

A 中央音乐学院在校学生的演奏会　　B 进场时，必须出示此请柬

C 中央音乐学院主持的管弦合奏　　D 音乐会买票入场后对号入座

(3)

请柬

2005年前我们相遇、相识、相知。

2007年4月1号我们开始相恋直到现在。

我们将邀请这8年来，陪伴我们走过风风雨雨的所有亲朋好友来参加我们的婚礼跟我们共同见证接下来的每一个8年。

送呈：

谨定于2015年4月1日，在青岛大饭店为赵德成与张晋举行结婚典礼，敬备喜宴，恭请光临。

敬邀

A 他们一共认识了8年之久

B 他们经历了不少坎坷之路

C 他们是2005年开始谈恋爱的

D 举行婚礼之后，在别的地方举行喜宴

(4)

请帖

市政协定于二零一七年十月一日下午一时在市人民文化俱乐部举行爱国人士庆祝“十一”国庆六十八周年电影联欢会，请届时光临。

政协旅大市委员会
二零一七年九月二十八日

A 此次联欢会是政府主办的

B 在市政协文化俱乐部进行表演节目

C 2017年迎十月一日国庆节电影联欢会

D 可能会给参加者提供中餐

2. 从下面四个选项中选择最恰当的一项填在横线上。

(1) 即便远在千里，也不会有所________，这就是电子请柬带来的便捷高效。

A 漏掉　　B 脱漏　　C 遗忘　　D 遗漏

(2) 请柬从形式上又________横式写法和竖式写法两种。

A 分别　　B 分列　　C 分为　　D 分开

(3) 国家体育总局________庆祝国际劳动妇女节一百周年联欢会。

A 实行　　B 进行　　C 办理　　D 举行

3. 请正确排列下面每组语句的顺序。

(1) ______________________________

A 为现场观众带来了一场美妙的新春视听盛宴
B 由河南电影电视少儿艺术中心承办的2018年河南电影电视少儿艺术春晚
C 于1月12日在河南艺术中心文化馆完成演出录制
D 来自全省两百多名的小朋友带来了十八个精心编排的节目

(2) ______________________________

A 在2018年3月10日，因突发病症于北京家中去世
B 这突如其来的噩耗，令我们深陷悲痛中
C 永远离开了我们
D 曾获得第一届中国国际电视广告艺术节金椰子奖金奖的李佳佳

(3) ______________________________

A 一些婚庆公司也提供制作电子请柬的服务

B 除了普通结婚请柬喜帖外，电子请柬越来越受现代年轻人的欢迎了

C 如今，不少办婚礼的新人都选择使用电子请柬

D 收到电子请柬已不算新鲜事

4. 阅读下列短文，然后从下面四个答案中选择最恰当的一项。 04-05

邀请函

尊敬的金学哲先生:

您好！

仰首是春、俯首成秋，韩美公司又迎来了他的第八个新年。我们深知在发展的道路上离不开您的合作与支持，我们去年的成绩中有您的辛勤工作。故在此邀请您参加韩美科技公司举办的新春酒会，与您共话友情、展望未来。

诚挚邀请您的光临。

举办时间：2018年3月30日（周五）14:00–20:30

地点：上海市韩美创意园东方路3345号2304室

(1) 这张邀请函是什么活动?

A 生日晚会　　B 毕业典礼　　C 新春晚会　　D 欢送会

(2) 公司是什么时候创建的?

A 2000年　　B 2005年　　C 2008年　　D 2010年

根据自己亲朋好友的情况，在下面空格内写一份请柬或邀请函，包括具体举行时间和地点。

邀请函

공지글

알림, 통지서, 게시문 등은 기업이나 학교, 정부기관 등에서 어떤 사실을 알리기 위한 목적으로 안내하는 문서입니다. 본 과에서는 중국에서 사용하는 양식들을 소개합니다.

실용독해

실용독해 1 합격 통지서 录取通知书

05-01

아래 대학 합격 통지서에서 알 수 있는 정보를 알아보자. 합격자 이름, 합격자의 전공 분야 등을 확인할 수 있다.

清華大學

录取通知书

张勇轩 同学：

录取你入我校 计算机科学与技术系 计算机科学与技术 专业学习。请凭本通知书来校报到，具体时间、地点见《新生入学须知》。

▶ 위의 통지서에 관한 설명으로 알맞은 것에 ✓, 알맞지 않은 것에 ✗를 표시하세요.

Ⓐ 《新生入学须知》需到学校领取

Ⓑ 此人已被清华大学录取

Ⓒ 中国的大学一般是2年制

Ⓓ 计算机科学与技术是研究计算机的设计与制造、信息获取之类的对外教学专业

단어

录取 lùqǔ 동 채용하다, 합격시키다 | 通知书 tōngzhīshū 명 통지서 | 计算机 jìsuànjī 명 컴퓨터 | 科学 kēxué 명 과학 | 技术 jìshù 명 기술 | 系 xì 명 학과 | 专业 zhuànyè 명 전공, 학과 | 报到 bàodào 동 등록하다 | 新生 xīnshēng 명 신입생 | 入学 rùxué 동 입학하다 | 领取 lǐngqǔ 동 (발급한 것을) 받다, 수령하다

실용독해 2 공사 공지 施工公告

05-02

아래 공사 관련 공지에서 알 수 있는 정보를 알아보자. 지역 주민에게 공사로 인한 불편함에 대해 양해를 구하는 내용을 확인할 수 있다.

施 工 公 告

尊敬的各位朋友:

我公司受资阳市诚兴城市建设有限责任公司委托在此进行资阳市游泳综合训练馆建设工程施工，在此期间，给您和您家人的生活、工作造成的不便，敬请谅解。

为了您的安全，请不要进入施工现场。

谢谢合作，特此公告!

京鑫建设集团

▶ 위의 공지에 관한 설명으로 알맞은 것에 ✓, 알맞지 않은 것에 ✗를 표시하세요.

Ⓐ 诚兴城市建设有限责任公司委托京鑫建设集团进行此工程

Ⓑ 要建游泳馆和综合训练馆，所以让我们绕行

Ⓒ 施工期间不会给人们带来不便

Ⓓ 进入施工现场时要注意安全

단어

施工 shīgōng 동 시공하다, 공사하다 | 公告 gōnggào 명 공지, 공고 | 受 shòu 동 받다 | 委托 wěituō 명 위탁 동 위탁하다 | 综合训练馆 zōnghé xùnliànguǎn 종합 훈련관 | 工程 gōngchéng 명 공정, 공사 | 造成 zàochéng 동 (좋지 않은 결과를) 초래하다 | 不便 búbiàn 명 불편 형 불편하다 | 敬请 jìngqǐng 동 (어떤 일을) 정중히 부탁하다 | 谅解 liàngjiě 동 양해하다, 이해하다 | 合作 hézuò 동 합작하다, 협력하다 | 特此 tècǐ 이에 특별히 | 绕行 ràoxíng 동 (길을) 돌아가다

실용독해 3 신년 휴일 공지 元旦放假通知

05-03

제시된 글은 신년 휴일에 관한 사내 공지이다. 신년 공휴일과 근무 일정, 당직 일정, 그 밖의 주의 사항에 대하여 설명하고 있다.

元旦放假通知

致各位同仁：

2018年1月1日——元旦为[1]国家法定假日，放假一天。为便于各部门及早合理地安排节假日生产等有关工作，现将[2]元旦放假调休日期具体安排通知如下：

2017年12月30日—2018年1月1日放假，共3天。其中，1月1日(星期二)为法定节假日，12月30日(星期日)为公休日，12月29日(星期六)公休日调至12月31日(星期一)，12月29日(星期六)上班。

节假日期间，各部门要认真做好各项工作：(1) 加强节日期间安全生产和其它工作领导，强化监督管理，落实各项安全措施，确保节日期间的安全生产。(2) 要做好节日期间的值班和安全保卫工作，严格值班制度，遇到重大问题和紧急突发事件，要在第一时间向上级请示。在新的一年到来之际确保过上一个欢乐、祥和的节日。

请各部门将节日值班表于12月29日前报公司办公室。

단어

放假 fàngjià 동 방학하다, 쉬다 | 致 zhì 동 보내다, 표시하다 | 同仁 tóngrén 명 함께 일하는 사람, 동료, 동지 | 法定 fǎdìng 형 법적으로 정한 | 便于 biàn yú (어떤 일을 하기에) 편리하다 | 合理 hélǐ 형 합리적이다 | 调休 tiáoxiū 동 휴가 날짜를 바꾸다 | 如下 rúxià 형 아래와 같다, 다음과 같다 | 节假日 jiéjiàrì 명 명절과 휴일, 공휴일 | 加强 jiāqiáng 동 강화하다 | 监督 jiāndū 동 감독하다 | 管理 guǎnlǐ 명 관리 동 관리하다 | 落实 luòshí 동 수행하다, 실현하다 | 措施 cuòshī 명 조치, 대책 | 确保 quèbǎo 동 확실히 보증하다, 확보하다 | 保卫 bǎowèi 동 보호하고 방위하다 | 严格 yángé 동 엄격히 하다 | 值班制度 zhíbān zhìdù 당직 제도 | 紧急 jǐnjí 형 긴급하다 | 突发事件 tūfā shìjiàn 돌발 사건 | 上级 shàngjí 명 상급, 상사 | 请示 qǐngshì 동 지시를 바라다 | 之际 zhījì 명 ~무렵, ~즈음 | 祥和 xiánghé 형 화목하다 | 值班表 zhíbān biǎo 명 당직표 | 将 jiāng 개 ~을(를) | 报 bào 동 보고하다, 알리다

1 为(wéi)

문어에서 자주 사용하는 '为'는 '~이 되다'라는 의미로 쓰여 목적어를 수반한다. [为+명사]의 형식으로 쓴다.

- 我想选他为代表。
  Wǒ xiǎng xuǎn tā wéi dàibiǎo.
  나는 그를 대표로 뽑고 싶다.

- 为人父母是一件很神圣的事。
  Wéi rén fùmǔ shì yí jiàn hěn shénshèng de shì.
  부모가 되는 것은 아주 성스러운 일이다.

2 将

'将'은 주로 문어에서 사용한다. 개사의 용법으로 '~으로써', '~을'의 의미이며, 개사 '把'와 쓰임새가 유사하다. [将+명사]의 형식으로 쓴다.

- 你要将心比心。
  Nǐ yào jiāng xīn bǐ xīn.
  너는 마음을 마음으로 비교해야 한다.(역지사지)

- 将门关好。/ 把门关好。
  Jiāng mén guānhǎo. / Bǎ mén guānhǎo.
  문을 잘 닫으세요.

실용독해 4 난방비 납부 공지 供暖收费通知

05-04

제시된 글은 난방비 납부에 관한 공지이다. 난방비 적용 기간, 적용 기준, 납부처와 그 외 주의 사항에 대하여 설명하고 있다.

2014－2015年度供暖收费通知

各位业主今年采暖缴费已经开始。10月25日以前到物业办理，方式和以前一样。由于报停费今年不再收取，所以不再另行通知到户。

2011－2012年度采暖发票未领取的业主请于2014年10月30日前到物业领取，过期我们将予以[1]销毁。

供暖相关事宜如下：

1. 供暖期：2014年11月15日至2015年3月15日。
2. 收费标准：按建筑面积20元/平方米收取。
3. 交费网点：各大银行、热力公司服务大厅。

开通工商银行网上银行的用户，可以依据网上银行提示进行交费。

★ 特别提示

网上银行交费次日后，请拨打该[2]银行客服电话进行查证。

三好花园物业

2014年10月12日

단어

年度 niándù 명 연도 | **供暖** gōngnuǎn 명 난방 동 난방하다 | **收费** shōufèi 명 비용, 요금 동 비용을 받다 | **业主** yèzhǔ 명 업주 | **采暖** cǎinuǎn 동 난방을 하다 | **缴费** jiǎofèi 동 비용을 납부하다 | **物业** wùyè 명 관리사무소 | **报停费** bàotíngfèi 명 정지(중지) 비용 | **另行** lìngxíng 동 별도로 ~하다 | **发票** fāpiào 명 영수증 | **过期** guòqī 동 기한을 넘기다 | **销毁** xiāohuǐ 동 소각하다, 폐기하다 | **事宜** shìyí 명 사무, 일 | **标准** biāozhǔn 명 기준 | **建筑面积** jiànzhù miànjī 건축 면적 | **平方米** píngfāngmǐ 명 평방미터(㎡) | **交费** jiāofèi 동 비용을 내다 | **网点** wǎngdiǎn 명 서비스망, 점포망 | **热力公司** rèlì gōngsī 열에너지 회사 | **服务大厅** fúwù dàtīng 서비스 홀 | **开通** kāitōng 동 개통하다 | **工商银行** Gōngshāng yínháng 공상은행 | **网上银行** wǎngshàng yínháng 인터넷 뱅킹 | **依据** yījù 동 근거로 하다 | **提示** tíshì 동 제시하다, 알리다 | **次日** cìrì 명 다음 날, 익일 | **拨打** bōdǎ 동 전화를 걸다 | **该** gāi 대 이, 그, 저 | **客服电话** kèfú diànhuà 고객 서비스 전화 | **查证** cházhèng 명 검증

주요 표현

1 予以

'~을 주다', '~되다'의 의미로 주로 문어로 사용된다.

- 请您予以充分的肯定。
  Qǐng nín yǔyǐ chōngfèn de kěndìng.
  충분한 인정을 해주세요.

- 请大家予以热烈的掌声。
  Qǐng dàjiā yǔyǐ rèliè de zhǎngshēng.
  여러분, 뜨거운 박수를 주시기 바랍니다.

2 该 + 명사

지시대사로 사용되며, 앞의 문장에서 언급한 사람 혹은 사물을 지칭한다.

- 该生乐于助人，品学兼优。
  Gāi shēng lèyú zhùrén, pǐnxué jiānyōu.
  본 학생은 남을 잘 돕고, 품행과 학문이 훌륭하다.

- 该校培养出了很多人才。
  Gāi xiào péiyǎng chūle hěn duō réncái.
  이 학교에서는 많은 인재를 양성했다.

실전연습문제

1. 请选出与下面图片上内容一致的一项。

(1)

2月9日例行维护延迟公告

尊敬的玩家：

2月9日例行维护后将隆重推出“羊年新春”系列活动，为了让大家更好地驰骋江湖体验新活动，我们还在积极进行调试，因此，2月9日例行维护完毕时间将延迟，预计维护完毕时间为13:00，届时新服将与其他服务器同时对外开启，请大家耐心等待，给您带来不便，敬请谅解！

A 维护延迟了，但是不一定什么时候能好

B 为了与其他服务器同时对外开启，所以要进行很长时间的调试

C 由此公告可以看出“羊年新春”是一款抽奖游戏

D 虽然维护延迟了，但是预计在2月9日内维护完毕

(2)

游戏公告

充值系统维护公告

2010年8月10日上午，我们发现部分玩家在为《永恒之塔》充值时出现异常，导致用户无法完成充值，为了保障充值系统服务质量，现在我们正在对相关系统进行维护。

目前，我们的工程师已经完成了部分线路的维护，余下的线路我们将尽快完成维护工作。一旦完成全部线路维护工作，我们将立刻告知各位玩家。

对于给各位玩家造成的不便，我们表示非常抱歉。感谢您对《永恒之塔》长久以来的支持和厚爱，也感谢您的耐心等候。

愿《永恒之塔》与你们同在。

A 《永恒之塔》系统服务质量不好

B 玩家们对《永恒之塔》不感兴趣

C 由此广告我们可以推测出《永恒之塔》是一款游戏

D 充值出现异常是因为没连网

(3)

公告

为改善县城环境，提升整体形象，按照县委、县政府的要求，决定对东马路(新盈街至丝网街路段)的主路面、便道、排水进行提升改造工程，工期为2017年2月18日至2017年5月30日。施工期间，实行封闭断交，给广大市民和沿街门店带来不便，敬请谅解。

安平县住房和城乡规划建设局
2017年2月16日

A 此工程是县委、县政府的要求

B 施工期超过了四个月

C 施工期间有可能给市民们带来不便

D 此工程是为了改善县城环境，提升整体形象

(4)

饮用水卫生安全信息公示栏

PUBUCAHEALTH AND SAFETY OF DRINKING WATER COLUMN INFORMATION

供水单位卫生安全承诺

1. 许可证件齐全，本单位持有效许可证供水；供管人员持有效健康体验和卫生知识培训合格证上岗。
2. 卫生管理做到：有专、兼职的饮用水卫生管理员；建立健全岗位责任、清洗消毒、供管人员体检培训、水质检测、补涉水产品索证等制度，建立水污染应急预案。
3. 安全措施到位：每年至少一次对水箱(池)清洗、消毒到位；每年至少一次质检测到位；每天至少一次对供水设施安全巡视到位。

A 每天至少一次对水箱进行清洗

B 卫生管理要同时做好水污染应急预案

C 供管人员需要进行卫生知识培训

D 每年要对供水设施安全巡视到位

2. 从下面四个选项中选择最恰当的一项填在横线上。

(1) 定于5月8日10点至21点进行停水施工。__________通知。

A 特意　　B 所以　　C 特此　　D 特地

(2) 在此期间为各位居民带来__________，敬请谅解。

A 不辨　　B 不便　　C 方便　　D 不变

(3) 营业时间仅供参考，若有__________烦请致电商家咨询。

A 异议　　B 意易　　C 异易　　D 意义

3. 请选择排列顺序最恰当的一项。

(1) A 拖欠费用必须一次交清，否则后果自己负。
B 费用拖欠必须一次交清，否则自己负后果。
C 费用拖欠必须一次交清，否则自负后果。
D 拖欠费用必须一次交清，否则后果自负。

(2) A 我校你录取我校汉语专业入学习。请凭本通知书来校报到。
B 我校录取你入我校汉语专业学习。请凭本通知书来校报到。
C 我校录取你入我校汉语专业学习。请报到凭本通知书来校。
D 我校录取你入我校汉语专业学习。请凭本通知书校来报到。

(3) A 如需要帮助，我们有专门的客服人员为您答疑，请拨打电话。
B 我们有专门的客服人员为您答疑，请拨打电话，如需要帮助。
C 请拨打电话，如需要帮助，我们有专门的客服人员为您答疑。
D 如需要帮助，请拨打电话，我们有专门的客服人员为您答疑。

4. 阅读下列短文，然后从下面四个答案中选择最恰当的一项。 05-05

通　知

各位居民：

高血压、糖尿病已成为危害中老年人健康长寿的常见病、多发病，为保障我街居民健康，摸清我街两病的患病情况，有效预防慢性病发生和发展，石井街第一社区卫生服务中心对辖区35岁以上的常住人口进行高血压、糖尿病筛察体检，请广大群众按时到体检点参加体检。

一、筛查对象： 辖区内35岁以上居民（包括户籍人口与流动人口）。

二、免费体检项目：

（一）35—64岁人群：血压、血糖、身高、体重、腰围、体格检查及健康咨询。

（二）65岁以上及高血压、糖尿病等重点人群增加检查：血脂、尿酸、肝功能、心电图等。

三、体检时间： ____________________

四、体检地点： ____________________

五、体检流程：

登记、建档 → 测量身高、体重、腰围 → 测量血糖 → 医生体格检查

六、注意事项：

（一）带本人有效证件（身份证、老人证、残疾人证、机动车驾驶证、居住证中之一）参加体检。

（二）高血压或糖尿病患者请携带近期就诊病历。

（三）老年人、高血压患者、糖尿病患者采集的是空腹血糖，体检前需要空腹；其他人员采集的是随机血糖，不需要空腹，可进食。

(1) 此通知的主要内容说的是什么？

A 预防生病　　B 体检的人都需要空腹

C 中老年健康　　D 免费体检

(2) 此通知的注意事项是什么？

A 体检的人都需要空腹　　B 必须有身份证

C 携带本人有效证件　　D 体检的人都需要就诊病历

활동학습

请在下面的空格内附加一张关于通知书的内容，并说明其用处。

→

请在下面的空格内附加一张关于公告的内容，并写出其关键词汇。

→

请在下面的空格内附加一张关于提示的内容，并将其翻译成韩国语。

→

증명서 (1)

어떤 사실을 증명하는 문서 또는 증거가 되는 서류는 우리가 살아가는 사회에서 없어서는 안 되는 자료입니다. 본 과에서는 중국의 졸업 증명서, 학업 수료증, 학생증, 회원증, 면허증 등을 살펴봅니다.

실용독해 

실용독해 1 졸업증 毕业证

06-01

아래 석사 졸업증에서 알 수 있는 정보를 알아보자. 합격자의 개인 신상, 전공 분야, 졸업 연도 등을 확인할 수 있다.

硕士研究生

毕业证书

崔贤珍 CHOI, HYEONJIN 先生/女士，国籍 韩国

1987年11月20日生，于2010年09月至2012年06月在 汉语国际教育 专业学习，学制二年，修完硕士研究生培养计划规定的全部课程，成绩合格，毕业论文答辩通过，准予毕业。

培养单位：山东师范大学　　校（院、所）长：

证书编号：1044

二〇一二年六月二十日

▶ 위의 증서에 관한 설명으로 알맞은 것에 ✓, 알맞지 않은 것에 ✕를 표시하세요.

Ⓐ 她修的是汉语国际教育专业

Ⓑ 发证单位是汉语国际教育中心

Ⓒ 该人在2012年6月拿到了此毕业证书

Ⓓ 证书编号在毕业证的上面

단어

毕业证 bìyèzhèng 명 졸업증 | 硕士 shuòshì 명 석사 | 研究生 yánjiūshēng 명 연구생, 대학원생 | 毕业 bìyè 동 졸업하다 | 证书 zhèngshū 명 증서, 증명서 | 国籍 guójí 명 국적 | 于…至… yú…zhì… ~에(에서) ~까지 | 学制 xuézhì 명 학교 교육 제도 | 修 xiū 동 (학문 · 품행 등을) 수련하다, 배우고 닦다 | 培养 péiyǎng 동 배양하다, 양성하다 | 课程 kèchéng 명 교과목, 커리큘럼 | 合格 hégé 명 합격 | 论文 lùnwén 명 논문 | 答辩 dábiàn 명 답변 동 답변하다 | 准予 zhǔnyǔ 동 허가하다 | 师范大学 Shīfàn dàxué 사범 대학교 | 编号 biānhào 명 일련번호

실용독해 2 학생증 学生证

06-02

중국의 학생증은 일반적으로 수첩 형태로 발급된다. 아래 제시된 학생증 사용에 관한 설명을 읽어보자.

山东师范大学
国际交流学院

School of International Exchange
Shangdong Normal University

山东·济南

Http://www.sie.sdnu.edu.cn

使用说明

1. 本证系证明留学生身份之用，不得转借或涂改。
2. 本证需妥善保存，如有遗失，需向原发证单位声明并申请补发。
3. 如中途休学或退学，应将此证交回山东师范大学国际交流学院。

▶ 위의 학생증에 관한 설명으로 알맞은 것에 ✓, 알맞지 않은 것에 X를 표시하세요.

Ⓐ 学生证上没有说明

Ⓑ 学生证不可以借给他人使用

Ⓒ 山东和济南发此学生证

Ⓓ 国际交流学院给外国留学生颁发此证

단어

学生证 xuéshēngzhèng 명 학생증 | 交流 jiāoliú 동 교류하다 | 学院 xuéyuàn 명 단과 대학 | 留学生 liúxuéshēng 명 유학생 | 济南 Jǐnán 지명 지난 [산둥(山东)성의 성도] | 说明 shuōmíng 명 설명 | 身份 shēnfen 명 신분 | 转借 zhuǎnjiè 동 전차하다, 빌린 것을 다시 빌리다 | 涂改 túgǎi 동 지우고 고치다 | 妥善 tuǒshàn 형 적절하다, 타당하다 | 保存 bǎocún 동 보존하다, 간수하다 | 遗失 yíshī 동 유실하다, 잃어버리다 | 声明 shēngmíng 동 성명하다, 선언하다 | 补发 bǔfā 동 재발급하다 | 中途 zhōngtú 명 중도 | 休学 xiūxué 동 휴학하다 | 退学 tuìxué 동 퇴학하다 | 应 yīng 동 마땅히 ~해야 한다

실용독해 3 운전면허증 驾驶证

아래 이미지는 중국의 운전면허증이다. 소지자에 대한 신상 정보, 면허증 수령 날짜, 면허증 유효기간 등의 정보를 확인하고, 우리나라의 운전면허증과 비교해 보자.

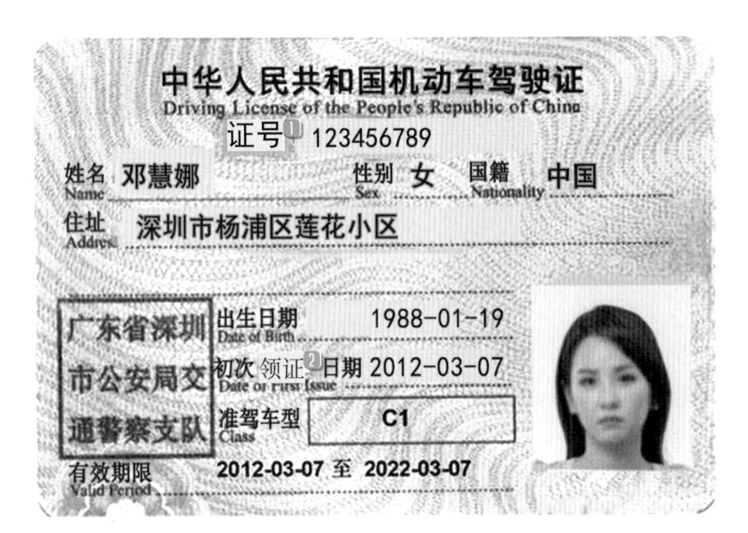
中华人民共和国机动车驾驶证
Driving License of the People's Republic of China
证号[1] 123456789
姓名 Name 邓慧娜 性别 Sex 女 国籍 Nationality 中国
住址 Address 深圳市杨浦区莲花小区
广东省深圳市公安局交通警察支队
出生日期 Date of Birth 1988-01-19
初次领证[2]日期 Date of First Issue 2012-03-07
准驾车型 Class C1
有效期限 Valid Period 2012-03-07 至 2022-03-07

단어

驾驶证 jiàshǐzhèng 명 운전 면허증 | 机动车 jīdòngchē 명 동력 엔진 차량 | 证号 zhènghào 명 증서 번호 | 公安局 gōng'ānjú 명 공안국, 경찰서 | 交通警察 jiāotōng jǐngchá 교통 경찰 | 总队 zǒngduì 명 총괄 부서 | 初次 chūcì 명 처음, 첫 번째 | 领证 lǐng zhèng 증서를 수령하다 | 准驾车型 zhǔnjià chēxíng 운전 허가 차량 모델 | 有效期限 yǒuxiào qīxiàn 유효 기한

1 证号

'증명서 번호'의 의미이다.

- 你的身份证号是多少?
  Nǐ de shēnfènzhèng hào shì duōshao?
  당신의 신분증 번호는 어떻게 됩니까?

- 他的学生证号是多少?
  Tā de xuéshengzhèng hào shì duōshao?
  그의 학생증 번호는 몇 번입니까?

2 领证

'어떤 증명서를 수령하다'의 의미이다.

- 我今天领到了毕业证。
  Wǒ jīntiān lǐngdào le bìyèzhèng.
  나는 오늘 졸업 증명서를 받았다.

- 你们领结婚证了吗?
  Nǐmen lǐng jiéhūnzhèng le ma?
  당신들은 결혼 증명서를 받았습니까?

실용독해 4 명예증서 荣誉证书

06-03

아래 이미지는 홍콩 국제 청소년 예술제의 상장이다. 다음에서 누구에게 어떤 상을 주는 것인지 알 수 있는 정보를 확인해 보자.

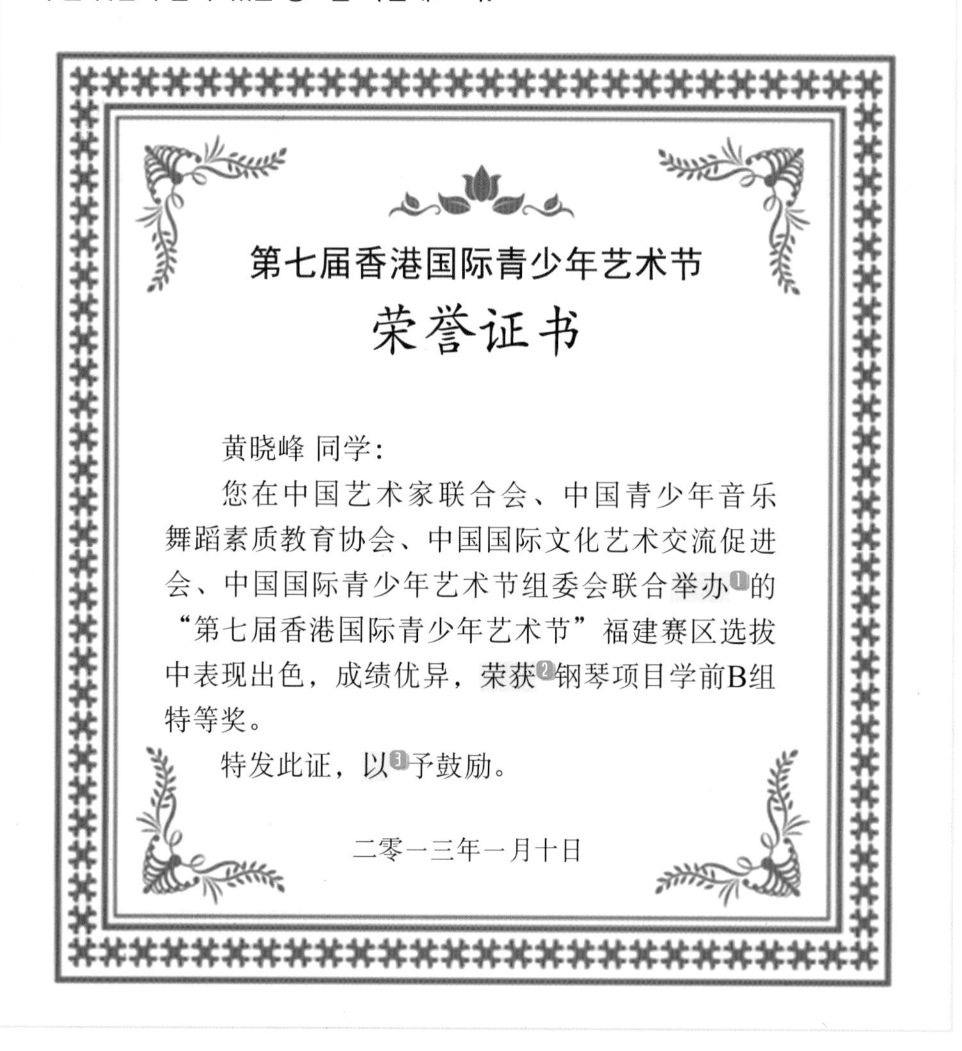

第七届香港国际青少年艺术节

荣誉证书

黄晓峰 同学：

您在中国艺术家联合会、中国青少年音乐舞蹈素质教育协会、中国国际文化艺术交流促进会、中国国际青少年艺术节组委会联合举办❶的"第七届香港国际青少年艺术节"福建赛区选拔中表现出色，成绩优异，荣获❷钢琴项目学前B组特等奖。

特发此证，以❸予鼓励。

二零一三年一月十日

단어

荣誉 róngyù 명 명예, 영예 | 艺术节 yìshù jié 예술제 | 联合会 liánhéhuì 명 연합회 | 舞蹈 wǔdǎo 명 무도, 춤, 무용 | 素质教育 sùzhìjiàoyù 전인 교육 | 协会 xiéhuì 명 협회 | 促进会 cùjìnhuì 명 추진회, 진흥회 | 举办 jǔbàn 동 거행하다, 개최하다 | 福建 Fújiàn 명 푸젠 [중국 지역명] | 赛区 sàiqū 명 시합 구역 | 选拔 xuǎnbá 동 선발하다 | 出色 chūsè 형 훌륭하다, 뛰어나다 | 优异 yōuyì 동 우수하다 | 荣获 rónghuò 동 영예롭게 ~을 획득하다, (상을 받는) 영예를 누리다 | 学前 xué qián 취학 전 | 组 zǔ 명 팀, 조 | 特等奖 tèděng jiǎng 특등 상

1 举办

어떤 활동을 '거행하다', '개최하다'의 의미이다.

- 这次会议的举办地是北京。 이번 회의의 개최지는 베이징이다.
  Zhè cì huìyì de jǔbàndì shì Běijīng.
- 首尔市举办了这次书画展。 서울시에서 이번 서화전을 개최했다.
  Shǒu'ěr Shì jǔbàn le zhè cì shūhuàzhǎn.

2 荣获

'영예롭게 ~을 획득하다'의 의미이다.

- 他荣获了这次考试的第一名。 그는 영광스럽게도 이번 시험에서 일등을 하였다.
  Tā rónghuò le zhècì kǎoshì de dì yī míng.
- 她荣获了"达人"的称号。 그녀는 '달인'이라는 호칭을 영광스럽게 얻었다.
  Tā rónghuò le "dárén" de chēnghào.

3 以 + 동목구

'以'는 개사의 용법으로 '~에 따라'의 의미를 가진다. 따라서 이 문형은 '(동목구)에 따라'와 같이 해석한다.

- 特此声明，以示警告。 특별히 이렇게 공지함으로써 경고한다.
  Tè cǐ shēngmíng, yǐ shì jǐnggào.
- 特发此信，以表谢意。 특별히 이 편지를 씀으로써 감사를 표한다.
  Tè fā cǐ xìn, yǐ biǎo xièyì.

1. 请选出与下面图片上内容一致的一项。

(1)

奖 状

陈玲玲同学：

祝贺你荣获我校 2012—2013 学年“爱校模范”称号，特发此状，以资鼓励。

厦门市大同小学
2013. 6. 1

A 获奖人参加了绘画比赛

B 获奖人于2013年6月获得该证书

C 获奖人获得了“好学生模范”的称号

D 获奖人是一名成年人

(2)

往来港澳签注（团队旅游L） 187366932			
			187366932
姓　　名	张 英英		
证件号码	W14796325	前往地	香港
出境有效期至	2019年03月31日	往返次数	贰次
签发日期	2018年04月01日	签发地点	吉林吉林2202
备　　注	持证人每次在香港逗留不超过7天，须随团出入境		

A 有了这个证件可以往返香港很多次

B 此证的证件号是八位数

C 持此证可以在香港住六天

D 出入境的时候可以不跟团

(3)

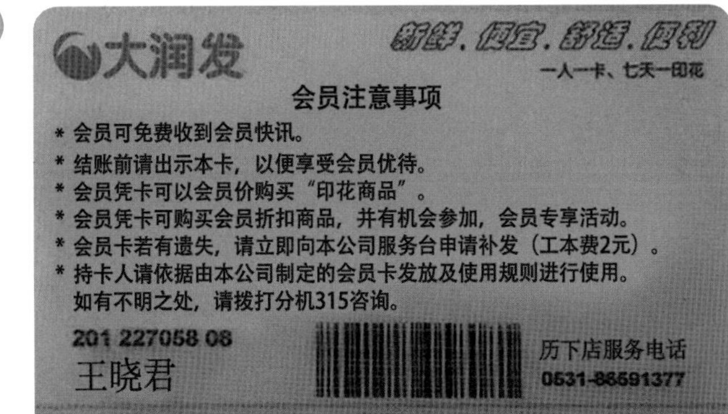

大润发　新鲜. 便宜. 舒适. 便利

一人一卡、七天一印花

会员注意事项

* 会员可免费收到会员快讯。
* 结账前请出示本卡，以便享受会员优待。
* 会员凭卡可以会员价购买“印花商品”。
* 会员凭卡可购买会员折扣商品，并有机会参加，会员专享活动。
* 会员卡若有遗失，请立即向本公司服务台申请补发（工本费2元）。
* 持卡人请依据由本公司制定的会员卡发放及使用规则进行使用。
如有不明之处，请拨打分机315咨询。

201 227058 08

王晓君

历下店服务电话

0531-86591377

* 免费办卡，如需更换，请至服务台咨询。

A 只有会员才可以拨打服务电话咨询

B 如此证丢失，不用申请补办

C 购物时会员可以享受会员价

D 补办此卡，不需交工本费

(4)

学 士 学 位 证 书

张鹏，男，1996年 6月 23日生。 在 云南师范大学 文理学院对外汉语 专业完成了本科学习计划，业已毕业，经审核符合《中华人民共和国学位条例》的规定，授予 文学 学士学位。

云南师范大学文理学院　院　长

学位评定委员会主席

证书编号：

二〇一六年 七月 一日

（普通高等教育本科毕业生）

A 此人的专业是对外汉语

B 此证是高校毕业证书

C 此人于2016年1月大学毕业

D 此证没有院长签名

2. 从下面四个选项中选择最恰当的一项填在横线上。

(1) 她__________了“好学生模范”的称号。

A 缴获　　B 获拿　　C 获过　　D 获得

(2) 此人______2010年09月______2012年06月在本校对外汉语教育专业学习。

A 在，到　　B 从，在　　C 于，至　　D 是，至

(3) 会员可______此卡购买打折商品，也可有机会得到会员专享活动。

A 评　　B 凭　　C 平　　D 任

3. 请选择排列顺序最恰当的一项。

(1) A 此人成绩合格，毕业论文答辩通过，毕业准予。
B 此人成绩合格，毕业论文答辩通过，准予毕业。
C 此人合格成绩，毕业论文答辩通过，准予毕业。
D 此人合格成绩，毕业论文答辩通过，毕业准予。

(2) A 如中途休学或退学，应将此证交回学校。
B 如中途休学或退学，将此证应交回学校。
C 如中途休学或退学，应此证将交回学校。
D 如中途休学或退学，将应此证交回学校。

(3) A 请妥善保管此证，如丢失，尽快请向校方声明并申请补发。
B 请妥善保管此证，如丢失，请尽快声明并申请补发向校方。
C 如丢失，请尽快向校方声明并申请补发，请妥善保管此证。
D 请妥善保管此证，如丢失，请尽快向校方声明并申请补发。

4. 阅读下列短文，然后从下面四个答案中选择最恰当的一项。 06-04

注意事项

一、本证加盖钢印后生效。本证一经涂改即视作无效。

二、本证只限本人作为中国民间文艺家协会会员身份的证明使用。

三、会员退会或停止会籍必须将本证交回本会。

四、本证遗失时必须登报声明作废。否则，因遗失而引发的一切纠纷责任概由会员本人自负。

地址：中国·北京·农展馆南里10号

网址：http: //www.cflas.com.cn

持证人：赵宝磊

性　别：男

民　族：汉族

出生地：江苏省

出生日期：1958 年 10 月 23 日

发证日期：2009 年 05 月 04 日

有效期：2009 年05月至 2019 年05月

编号：080041 类别：民间艺术

中国民间文艺家协会 签章

主席 签章

(1) 这本证书属于哪种类别?

A 民间艺术　　B 汉族

C 农展馆　　D 有效日期

(2) 证书上的公章是哪个机关盖的?

A 中国北京农展馆　　B 民间艺术

C 中国民间文艺家协会　　D 民间艺术

활동학습

请在下面的空格内附加一张关于会员证的内容，写出其关键词汇，并说明此证的用处。

➔

请在下面的空格内附加一张学生证，并将其翻译成韩国语。

➔

증명서 (2)

재직 증명서, 학력 증명서, 재학 증명서 등은 중국에서 흔히 접할 수 있는 증명서입니다. 본 과에서는 이러한 각종 증명서를 소개하고, 그 형식과 내용을 구체적으로 파악해 봅니다.

실용독해 1 학력 증명서 学历证明书

07-01

아래는 중국 대학의 학력 증명서 양식이다. 증명서에 기재된 정보를 확인해 보자.

北京师范大学
学历证明

史佳佳，女，1985年10月20日生，于2010年9月至2014年7月在本校文学院中国现当代文学专业学习，学制三年，修完硕士研究生培养计划规定的全部课程，成绩合格，论文答辩通过，准予毕业，并授予文学硕士学位。

硕士毕业证书编号为：10002793223907837

硕士学位证书编号为：100233894893948

特此证明。

北京师范大学
档案馆
2017年12月13日

▸ 위의 증명서에 관한 설명으로 알맞은 것에 ✓, 알맞지 않은 것에 X를 표시하세요.

Ⓐ 这是一张在校证明

Ⓑ 她的专业是中国现代文学

Ⓒ 授予硕士学位的条件有两项

Ⓓ 她获得了学士学位

단어

学历 xuélì 명 학력 | **证明书** zhèngmíngshū 명 증명서 | **证明** zhèngmíng 명 증명 동 증명하다 | **现当代** dāngdài 현당대 [근대 이후의 5·4 신문화 운동을 전후한 시기부터 현재까지의 시기] | **培养** péiyǎng 동 배양하다, 양성하다 | **课程** kèchéng 명 교육 과정, 커리큘럼 | **授予** shòuyǔ 동 수여하다

실용독해 2 재직 증명서 在职证明书

07-02

아래 재직 증명서에서 알 수 있는 정보를 알아보자. 재직자의 신상 정보, 근무 부서, 직급 등을 확인할 수 있다.

在职证明

兹证明：曹秀铁，男，出生于1980年8月20日，自2010年3月至今属我单位在职干部，职位是财务管理兼会计主任。

护照号码：GX3393***
办公电话：028-223-5874
住宅电话：028-223-5674
特此证明。

成都环球国际旅游有限公司
2018年3月1日

▸ 위의 증명서에 관한 설명으로 알맞은 것에 ✓, 알맞지 않은 것에 X를 표시하세요.

Ⓐ 他是一名普通职员

Ⓑ 他有可能是一名会计师

Ⓒ 他在本公司工作了十年之久

Ⓓ 四川成都区号是223

단어

在职 zàizhí 동 재직하다 | 出生 chūshēng 명 출생 동 출생하다 | 至今 zhìjīn 부 지금까지, 오늘까지 | 干部 gànbù 명 간부 | 职位 zhíwèi 명 직위 | 财务 cáiwù 명 재무 | 兼 jiān 동 겸하다, 동시에 하다 | 会计 kuàijì 명 회계 동 회계하다 | 主任 zhǔrèn 명 주임 | 护照 hùzhào 명 여권 | 住宅 zhùzhái 명 주택 | 职员 zhíyuán 명 직원

실용독해 3 재학 증명서 在学证明书

07-03

아래는 중국 대학원의 석사생 재학 증명서이다. 재학생에 관해 알 수 있는 정보를 확인해 보자.

上海外国语大学研究生
在学证明

张哲俊（男）
学号：20093020
身份证号码：350301197902
出生日期：1979年2月29日

兹证明张哲俊自2001年9月至[1]2003年8月在上海外国语大学研究生院英语语言文学专业全日制攻读文学硕士学位。正常学制为三年。

特此证明。

上海外国语大学研究生院
2003年8月30日

단어

学号 xuéhào 명 학번 | 全日制 quánrìzhì 명 전일제 | 攻读 gōngdú 동 전공하다 | 正常 zhèngcháng 형 정상이다, 정상적이다

1 自……至……

일반적으로 '自……至……'는 기간을 나타낼 때 사용되며, '~부터 ~까지'로 해석한다.

- 自始至终
  zì shǐ zhì zhōng
  처음부터 끝까지

- 此人自2001年至2009年在本校工作。
  Cǐ rén zì èr líng líng yī nián zhì èr líng líng jiǔ nián zài běn xiào gōngzuò.
  이 사람은 2001년부터 2009년까지 본교에서 근무했다.

- 自2018年3月1日至5日禁止一切车辆驶入。
  Zì èr líng yībā nián sān yuè yī rì zhì wǔ rì jìnzhǐ yíqiè chēliàng shǐ rù.
  2018년3월1일부터 2018년3월5일까지 모든 차량의 진입을 금지한다.

실용독해 4 재직 증명서 在职证明书

07-04

아래는 어느 기업의 직원 재직 증명서이다. 재직자에 관해 알 수 있는 정보를 확인해 보자.

在职证明

刘惠女士：年龄45岁。在本公司工作22年，担任企划部部长职务，年收入3万以上。该职员在日本没有直系亲属。在公司也没有任何经济问题和债务，此次申请自费赴日旅游，本公司担保此人遵守国家法律，按时[1]出入境，并保留其在公司的职位。

北京药物集团有限公司
负责人签名：李铁
联系电话：0106552638
2018年3月5日

단어

担任 dānrèn 동 맡다, 담당하다 | 企划部 qǐhuà bù 기획부 | 职务 zhíwù 명 직무 | 年收入 nián shōurù 명 연수입 | 直系 zhíxì 명 직계 | 亲属 qīnshǔ 명 친족 | 债务 zhàiwù 명 채무 | 自费 zìfèi 명 자비, 자기 부담 | 赴 fù 동 ~(으)로 가다, 향하다 | 担保 dānbǎo 동 보증하다, 담보하다 | 遵守 zūnshǒu 동 준수하다, 지키다 | 按时 ànshí 부 규정된 시간대로, 제시간에 | 出入境 chūrùjìng 명 출입국 동 출입국하다 | 保留 bǎoliú 동 보류하다 | 负责人 fùzérén 명 책임자

1 按时

'按时'는 부사로 쓰이며, '제때에', '규정된 시간대로', '제시간에'라는 뜻이다.

- 公共汽车必须按时发车。
  Gōnggòng qìchē bìxū ànshí fāchē.
  버스는 반드시 제시간에 맞춰 출발해야 한다.

- 她每天按时睡觉。
  Tā měi tiān ànshí shuìjiào.
  그녀는 매일 제시간에 잠을 잔다.

- 不按时吃药，会导致病情复发。
  Bú ànshí chī yào, huì dǎozhì bìngqíng fùfā.
  제때에 약을 먹지 않으면 병의 재발을 야기할 수 있다.

실전연습문제

1. 请选出与下面图片上内容一致的一项。

(1)

在职证明

兹证明张明先生，其护照号为G12345678，从2004年7月12日至今在我公司工作，任职部门经理。月收入10000元，现本公司批准其于2010年12月1日至12日15日期间放假15天，自费前往贵国旅游。本公司保证其在新加坡逗留期间遵守所在国法律，如期回国，返回后将继续在本公司工作。

特此证明。

公司名称：中国建筑技术集团有限公司
公司地址：北京市海淀区东王庄11–4

A 他还没有决定去哪里旅行　　B 张明辞职后去旅行
C 张明在此公司工作了五年　　D 此公司所在地是北京

(2)

离职证明

兹证明吴仁惠自2010年9月1日入职我公司担任总务部主任，2017年8月31日因病申请离职，在此工作期间无不良表现，同事关系融洽，期间曾被授予“优秀员工”称号。经公司慎重考虑准予离职，已办理交接手续。

因未签订相关保密协议，遵从择业自由。

特此证明。

圣华家具有限公司
2017.8.31

A 因为她找到更好的工作，向原单位辞职
B 她申请了辞职，但公司还未批准
C 任职期间，严重违反了劳动纪律
D 她重新择业不受限制

(3)

江西省九江市外国语学校
在读证明

兹证明学生马智慧，女，1995年10月10日出生。自2007年9月到2010年6月为我校在读学生，并已完成初一，初二，初三（上学期）全部课程。

特此证明。

江西省九江市外国语学校
2010年5月5日

A 她在本校上了两年半的学
B 她已读完了初三全部课程
C 她初二上学期转学过来的
D 她在江西省九江市外国语学校就读英语专业

(4)

工作证明

兹证明陈光林先生，身份证号码：1234567890123456。自2016年8月在人事部门从事员工培训工作，现申请参加2017年全国硕士研究生入学考试。

特此证明。

备注：此证明仅作报考职业资格证书凭据，不作其他用途。
本公司对此证明真实性负责。
部门联系人：张家康
联系电话：0123-456789

山东大宇网络科技有限公司
2017年3月1日

A 张家康在人事部工作
B 陈光林是一名讲师
C 陈光林打算参加博士研究生考试
D 此证明仅用于办理贷款手续

2. 从下面四个选项中选择最恰当的一项填在横线上。

(1) 根据市教育局相关规定，从2016年秋季学期开始，学籍办理将______取消纸质材料盖章审批环节。

A 一切　　B 一致　　C 一律　　D 一样

(2) 离职证明上附带写上“差评”的点评语，是否考虑了劳动者__________就业的影响?

A 持续　　B 延续　　C 一直　　D 后续

(3) __________虚假在职证明的责任谁来承担?

A 提交　　B 供给　　C 提供　　D 供应

3. 请正确排列下面每组语句的顺序。

(1) ______________________________

A 它证明了申请者目前就读的学校专业
B 在读证明虽然“简单”，却万万不可掉以轻心
C 明确表示申请者预计将于何时获得学位毕业
D 在读证明是留学申请材料中相对而言较为“简单”的一份文件

(2) ______________________________

A 证明学生正在学校攻读相应学位
B 在读证明代替了这些证书
C 一般申请英国留学在没有毕业证书和学位证书的时候需要开具在读证明
D 并预计学生将于何时获得学位并毕业

(3) ________________

A 可以向毕业学校申请开具学历证明书

B 学历证明书将由高校自行制发

C 证明书与原证书具有同等效力

D 毕业证或结业证书等学历证书遗失或破损

4. 阅读下列短文，然后从下面四个答案中选择最恰当的一项。 07-05

在职证明

兹有赵德龙先生，性别男，身份证号码：362316182600，自2015年至今一直在我单位工作，与我单位签订了劳动合同，合同期限为五年。目前在营销部门担任营业员职务。

特此证明。

北京物美集团

2018年12月31日

(1) 根据《在职证明》，他的离职时间为？

A 2018　　B 2019　　C 2020　　D 2021

(2) 他在物美超市担任什么职务？

A 解说员　　B 收银员　　C 清洁工　　D 导购

(3) 他在这家公司工作了多长时间？

A 一年　　B 两年　　C 三年　　D 四年

활동학습

根据自己的情况在下面空格内写一份在学证明（或学历证明），包括具体专业和学制。

在学证明

08

실용독해 실전점검

一. 从下面四个选项中选择最恰当的一项填在横线上。

1. 我昨天______穿袜子。

   A 不　　B 没　　C 都　　D 又

2. 留学生办公室______5楼。

   A 去　　B 在　　C 从　　D 住

3. 你应该有效______安排时间。

   A 的　　B 得　　C 地　　D 要

4. 我终于想________他的名字了。

   A 完了　　B 一想　　C 出来　　D 起来

5. 我昨天把护照弄丢了，所以只好__________了明天去中国的机会。

   A 放弃了　　B 后悔了　　C 丢失了　　D 失望了

6. 家永远是我们心里最________的地方。

A 健康　　B 可爱　　C 希望　　D 安全

7. 本公司________很讲信用，________还一直与老客户保持良好合作关系。

A 不是…就是　　B 不但…而且

C 虽然…但是　　D 既然…就

8. 这样有条理的叙述，给人留下了________、完整的印象。

A 清晰　　B 清楚　　C 确实　　D 完全

9. 无论是成功还是失败，只要你付出了自己全部的精力，就都________获得大家的掌声。

A 应该　　B 一定　　C 必然　　D 结果

10. ________呆在家里一个人吃饭，________出去散散心，吃点儿好吃的。

A 与其…不如　　B 因为…所以

C 既然…就　　D 不是…而是

二. 下面的每组词语按照顺序都可以组成一个句子，请选择最恰当的顺序。

1. ① 学校 ② 附近 ③ 你们 ④ 电影院 ⑤ 有 ⑥ 吗

A 你们学校附近电影院有吗?
B 你们学校附近有电影院吗?
C 附近你们学校电影院吗有?
D 附近你们有学校电影院吗?

2. ① 中国 ② 来 ③ 我 ④ 已经 ⑤ 一个月 ⑥ 了

A 我中国来已经一个月了。
B 我来中国了已经一个月。
C 我来中国一个月了已经。
D 我来中国已经一个月了。

3. ① 第一次 ② 我 ③ 这是 ④ 写信 ⑤ 用 ⑥ 汉语

A 这是第一次我写信汉语用。
B 我第一次这是用汉语写信。
C 用汉语写信这是我第一次。
D 这是我第一次用汉语写信。

4. ① 就 ② 那 ③ 挂在 ④ 你 ⑤ 旁边的 ⑥ 桌子 ⑦ 墙上吧

A 那你就挂在桌子旁边的墙上吧。
B 就那你挂在桌子旁边的墙上吧。
C 那你就挂在墙上吧桌子旁边的。
D 你那就挂在桌子旁边的墙上吧。

5. ① 平时 ② 张正文 ③ 东西 ④ 都 ⑤ 不用的 ⑥ 壁橱里 ⑦ 放在

A 平时张正文不用的东西放在壁橱里。
B 张正文平时不用的东西放在都壁橱里。
C 张正文平时不用的东西都放在壁橱里。
D 不用的东西张正文都平时放在壁橱里。

6. ① 晚上 ② 星期六 ③ 法国 ④ 我们公司 ⑤ 代表团 ⑥ 这个 ⑦ 宴请了

A 这个星期六晚上我们公司宴请了法国代表团。
B 星期六这个晚上我们公司宴请了法国代表团。
C 这个星期六晚上我们公司法国代表团宴请了。
D 晚上这个星期六我们公司宴请了法国代表团。

7. ① 我 ② 最近 ③ 时常 ④ 在北京学习的 ⑤ 想起 ⑥ 时间 ⑦ 那段

A 在北京学习的最近那段时间我时常想起。
B 最近在北京学习的那段时间我时常想起。
C 我时常想起最近在北京学习的那段时间。
D 最近我时常想起在北京学习的那段时间。

8. ① 你 ② 扔到 ③ 垃圾筒里 ④ 屋后的 ⑤ 酒瓶 ⑥ 把 ⑦ 随手

A 你随手酒瓶把扔到屋后的垃圾筒里。
B 你随手扔到屋后的垃圾筒里把酒瓶。
C 你随手把酒瓶扔到屋后的垃圾筒里。
D 随手你扔到把屋后的酒瓶垃圾筒里。

9. ① 我们邮局 ② 只能 ③ 从 ④ 送 ⑤ 开始 ⑥ 下月 ⑦ 杂志和报纸

A 我们邮局只能杂志和报纸从下月开始送。

B 我们邮局只能从下月开始送杂志和报纸。

C 我们邮局杂志和报纸开始只能从下月送。

D 我们邮局杂志和报纸开始只能从下月送。

10. ① 美国官方 ② 统计 ③ 据 ④ 爱滋病携带者 ⑤ 150万人是
⑥ 大约有 ⑦ 美国

A 据美国官方统计美国大约有150万人是爱滋病携带者。

B 美国官方据统计美国大约有150万人是爱滋病携带者。

C 美国统计据美国官方大约有150万人是爱滋病携带者。

D 据美国官方统计美国大约有爱滋病携带者150万人是。

三. 请选出与下面各段文字或图片上的内容一致的一项。

1.

123456B78
昆明售
昆 明 T382次 上 海
KunMing ShangHai
2018年05月23日 11:35开 10车095号
¥293.5元 新空调特快软座
限乘当日当次车
5304231995****061
7736 8881 5046 5H24 9672

A 这是一张上海到昆明的票
B 这个票的票价是382元
C 这个票可以使用一天
D 这个票是在昆明买的

2.

货梯使用注意事项
严禁超载
严禁靠门
严禁打闹蹦跳
严禁扒门
请勿在厅门处停留
严禁拍打
禁止乱动按钮
火警地震时
请勿乘坐电梯

A 坐电梯时不能站在电梯门前
B 坐电梯可以随时按电梯里的按钮
C 坐电梯有人数规定
D 坐电梯时可以在里面运动

3.

未来2-7天天气预报 (2019-02-25 08:00发布)					天气图例
26日星期四	27日星期五	28日星期六	1日星期日	2日星期一	3日星期二
多云	阴	小雨转多云	小雨	小雨	多云
高温：29℃	高温：26℃	高温：31℃	高温：20℃	高温：27℃	高温：29℃
低温：20℃	低温：18℃	低温：17℃	低温：15℃	低温：15℃	低温：18℃
微风	微风	微风	微风	微风	微风

A 此天气预报说明2019年2月28号最高气温31度，阴天

B 此天气预报说明2019年2月27号最低气温18度，只阴天没有雨

C 此天气预报说明2019年2月1号～2号都有小雨，没有风

D 此天气预报说明2019年3月3号的气温差差9度

4.

企业法人营业执照 （副本）

注册号 4403011033401234

名　　称　深圳市华正商旅航空服务有限公司

企业类型　有限责任公司

住　　所　深圳市福田区南中路新城大厦 1418

法定代表人　曾紫薇

成立日期　二〇〇〇年九月廿九日

登记机关　深圳市市场监督管理局

二〇一三年三月廿日

A 这是个人事业单位的营业执照

B 这个公司的名字是有限责任公司

C 这个公司在中国福田

D 这个公司是2013年3月20日成立的

5.

征婚启事

本人男，1988年出生，在丽江内有稳定工作，有住房。性格好，长得不是很丑。

要求：1. 18岁-24岁；
2. 玉龙县农村户口优先；

有诚意者加本人 QQ：123456789

A 此征婚启示中男士愿找非农业户口的女士为伴

B 此征婚启示中男士各种条件很好，只是长得很丑

C 此征婚启示要求对方年龄要小于二十四

D 此征婚启示希望有意者加QQ与他联系

6.

招聘
本公司因发展需要长期招聘以下人员：
❖ 美容师 20名
❖ 美容导师 10名
❖ 营业员（化妆品）10名
❖ 发型师 10名
❖ 助理 20名
❖ 接待部长 3名
❖ 学员数名（包食宿、包学会）

A 这公司招聘协助美容师的雇员20名

B 这公司招聘教美容的老师20名

C 这公司招聘学美容的人10名

D 这公司招聘美容技术人员3名

7.

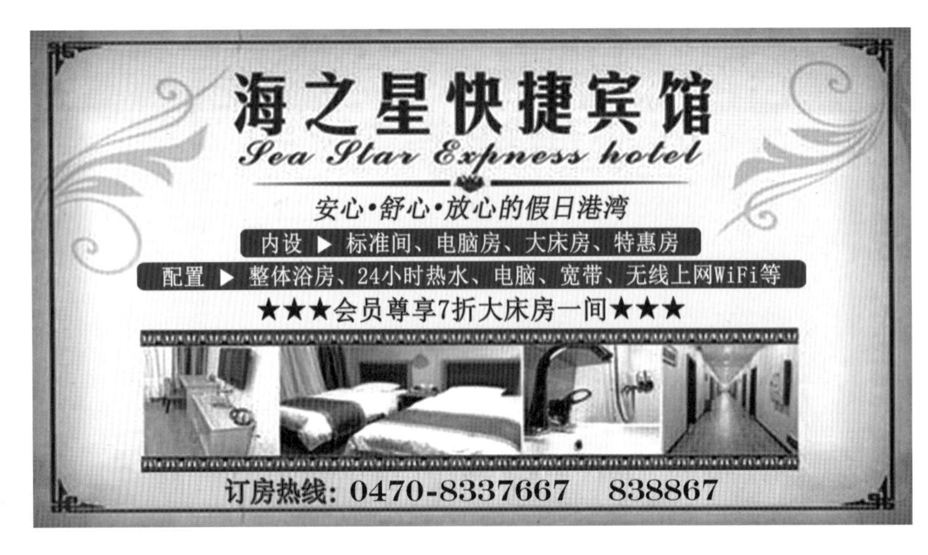

A 这个宾馆座落在海边

B 这个宾馆内有多种样式的房间

C 这个宾馆会员可以享受百分之七十的优惠待遇

D 这个宾馆提供热水的时间是有限制的

8.

离职证明

杨凤华女士自2006年01月01日入职我公司担任人力资源部人力资源助理职务，

至2014年05月16日因个人原因申请离职，在此间无不良表现，经公司研究决定，

同意其离职，已办理离职手续。

因未签订相关保密协议，遵从择业自由。

特此证明。

2015年5月28日

A 杨凤华女士本人不愿意在华泰科技有限责任公司工作

B 华泰科技有限责任公司希望杨凤华不来公司工作

C 杨凤华离开华泰科技有限公司，不能找其他工作

D 杨凤华在华泰科技有限公司担任人力资源部人力资源助理，工作表现不良

9.

仁川机场登机楼取货处搬迁通知

为顾客提供更佳服务，将搬迁仁川机场登机楼取货处，请您参考。

外航登机口

登机楼取货处下梭动列车后，122号登机口旁边。

取货处

122 GATE

+82-032-743-2415

❶ 地点　搬迁前：121号登机口旁边
　　　　搬迁后：122号登机口旁边

❷ 日期　2016年3月15日（周二）06点起

* 2016年3月15日（周二）04点以前出境的顾客，仍可121号登机口取货。

A 仁川机场登机楼取货处，过去在122号登机口旁边

B 仁川机场登机楼取货处，现在在121号登机口旁边

C 仁川机场登机楼取货处没有联系电话

D 2016年3月15日凌晨四点以前出国时可以在121号登机口取货

10.

台湾远志科技集团

尊敬的(先生/女士)：

您好！

衷心感谢您及贵公司长期以来对台湾远志集团的关心与支持。我公司定于2018年4月10日举行“LanStar教学网产品展示会”，远志全体同仁届时将在美丽的酒店欢迎您的光临，并与您真诚携手，放飞心中梦想！诚挚邀请各位朋友莅临！

此致

敬礼

台湾远志科技集团

美商/南京远志资讯科技开发有限公司

A 这是台湾远志科技集团的晚宴邀请函

B 这是台湾远志科技集团的招商说明会邀请函

C 这是台湾远志科技集团的客户招待会

D 这是台湾远志科技集团的产品展销会

四. 阅读下列短文，然后从下面四个答案中选择最恰当的一项。

1-2 08-01

谁没有上街买过东西呢？应该说这是很简单的事。可是生活中有的人会买东西，有的人就不会买东西。这里边有什么讲究呢？

商品有质量好坏，价格高低的问题。常言说“货比三家”，意思就是要多看几家商店，多比较比较，然后再决定是否该买。很多人常常是出了一个商店又进另一个商店，反复观看，认真比较，需要花不少工夫。所以购物是需要计划出足够的时间的。有人认为，买到东西当然好，买不到也不会太遗憾，因为这也是一种欣赏，起码可以开开眼界。大概他们是把购物当成一种享受了。

一般来说，广告做得好，商品就卖得快。可也有不少人只相信自己的经验，而认为广告是骗人的玩艺儿。这也难怪，有的广告确实言过其实，上过当的人谁还敢再轻易相信呢？如果由朋友介绍市场情况，作用会比广告更大。有的厂家用名人做广告，也正是抓住了人们相信名人的心理。

售货员的态度也很能影响人们购物的情绪，碰到态度差的售货员，有的顾客宁肯再多跑几家商店；可是如果遇到了热情的售货员，可能就会很高兴地付钱，甚至还会再买一些本并不很需要的东西。是呀，谁愿意花钱买气受呢？

买东西，价格总该合适。太贵的，东西再好，一般人买不起；太便宜的，又让人感到质量不放心。所谓“好货不便宜，便宜没好货”就正反映了人们的购物心理，人们总喜欢购买价格和质量相一致的东西，常言说“一分钱一分货”嘛！

1. “货比三家”是为了：

A 买很便宜的东西

B 买很多的东西

C 买很贵的东西

D 买又便宜又好的东西

2. “遇到态度差的售货员，有的人宁肯再多跑几家商店”这句话的意思是什么？

A 售货员让顾客到别的地方去买

B 顾客很生气，东西再好也不在这儿买

C 顾客认为别的地方东西更好

D 多去几家商店做比较

3-5

08-02

有一位先生，非常健忘，他的妻子不得不非常细心，经常提醒他别忘了做这件事，别忘了做那件事。有一天，这位先生要坐火车去另外一个城市办事，妻子让他顺便寄一封挂号信。

临走前，妻子反复对他说："这封信很重要，千万别忘了寄出去，一定要记住！"，"好了好了，我一定记住。"这位先生急急忙忙地赶到火车站，发现火车已经快要开了，就赶紧跳上火车，果然忘了把信寄出去。等他到了另一个城市的大街上，正要坐公共汽车，后面有人拍了拍他的肩膀："先生，你的挂号信寄出去了吗？"他这才想起妻子那封重要的挂号信，连忙道谢，赶快找到一个邮局，把挂号信寄了出去。但是他感到很奇怪："这里怎么会有人知道我要寄挂号信呢？"走出邮局后没多久，后面又有人提醒他："先生，别忘了寄挂号信。"他一边道谢，一边想："怎么又有人知道我要寄挂号信？"上了公共汽车，刚刚坐好，后面一位小姐推了推他，又问："先生，你的挂号信寄了没有？"这位先生终于忍不住了："挂号信我已经寄出去了，可是你是怎么知道我要寄挂号信的呢？"

那位小姐笑着对他说："已经寄出去了吗？那么你可以把衣服背后的纸条拿下来了。"这位先生果然从自己的衣服背后撕下来一张纸条，上面写着："请提醒我先生寄挂号信！"

3. 妻子让丈夫做什么?

A 顺便寄一封挂号信

B 去另一个城市寄挂号信

C 去另一个城市办事

D 去邮局

4. 为什么街上总有人来提醒这位健忘的先生寄挂号信:

A 大家都知道他很容易忘事

B 他让所有人都提醒他

C 妻子在他背后贴了一张纸条，请别人提醒他寄挂号信

D 他怕忘，把一张纸条贴在了自己的背后

5. 妻子在丈夫的背后贴纸条是为了:

A 和丈夫开个玩笑

B 故意让丈夫出洋相

C 让路上的人提醒丈夫寄挂号信

D 让街上的人来嘲笑丈夫

6-8

08-03

自然界是五颜六色的。蓝色的海洋，绿色的田野，黄色的麦浪，红色的血液等等，对于自然色彩，人们的认识基本一样，阿拉伯人认为是白，欧洲人绝不会看成黑。

然而，颜色一进入社会生活，就有了特殊的含义。比如人们把一生中最美好的时光叫作“金色年华”；把有色情内容的报纸、杂志称作“黄色书刊”。如果说到“黑色的幽灵”，就会使人想到恐怖而又看不见的东西。人们用绿色象征生命，白色象征纯洁，这样，自然界中的一些颜色都被加上了不同的社会含义。

同许多国家一样，在中国，黑色也可用来象征阴谋或不合法这类意思。现代汉语中有这样一些词：黑名单，黑市，黑心，黑手等；同时黑色现在还有表示哀悼之义。如果谁胳膊上戴了黑纱，那就说明他家里有人去世了。

红色是喜庆的象征。婚礼上必须有红色。新人胸前要戴红花，新娘要穿红衣服，甚至连鞋也是红色的。要是在过去，新娘头上还要盖一块红布呢！门上、窗上、屋子里墙上贴的喜字也要红的才行。春节时，除了家里有人去世以外，家家户户都要在门两旁贴上红春联表示喜庆。

白色在中国有哀悼之意。传统的葬礼上亲人都要穿一种特殊白衣服，儿女要穿白鞋，头上系白布，叫做穿孝。在农村，至今还有不少地方保留着这种习俗。以上介绍了生活中几种颜色的不同社会含义。实际上，不同国家、不同地区，对颜色的看法都有差异，这往往与它们的历史、风俗有关。

6. 中国人结婚的时候一定会使用:

A 黄色
B 红色
C 白色
D 黑色

7. 根据本文内容颜色词所代表的意义不正确的是:

A 绿色 —— 生命
B 黑色 —— 悲哀
C 红色 —— 喜庆
D 黄色 —— 信息

8. 各各国家或者地区对颜色的看法不完全相同是因为:

A 他们居住地区的风俗习惯与历史的不同
B 每个人对颜色感觉的不同
C 各各地区居住条件的不同
D 各各地区的海洋、田野等地理条件的不同

9-10

08-04

一位管理专家对听众提出一个问题：一分钟我们能做多少事？答案自然是一分钟能做很多事，比如一分钟可以阅读一篇五六百字的文章，可以浏览一份40多版的日报，看5－10个精彩的广告短片，跑400多米，做20多个仰卧起坐等等。鼓励人们在一分钟内做更多的事情或者节约每一分钟，自然是件好事。但这一表面上看似积极的问题和答案，实际上掩盖了急功近利的心态，会让大家产生一种急促感，像蚂蚁一样匆匆忙忙地跑来跑去，一心想着尽可能地多做些事情，却不再有从容的心态去做事情，尤其是不再去思考什么才是真正重要的事情。

一个人一辈子如何活得更有意义，并不在于争得每一分钟，而在于生命作为一个整体内涵有多丰富。内涵的丰富来自于对生命的完整意义的追求，而不是每一分钟能做多少事情的匆忙。如果因为追求每一分钟的充实而迷失了一生，实在是得不偿失的事情。曾经有一个人，因为偶然在地上捡到了一枚金币，从此每天都低头寻找，一辈子过去了，他捡到了几千枚钱币、几万颗钉子，还有数不清的纽扣，这些东西加起来也不值几个钱。等到他老去的时候，背驼了，眼花了，想直起腰来看一看远方的风景都不可能了。很多人对待时间也像这个人一样，争取了每一分钟的忙碌，却错过了一生的风景。

9. 作者认为生活的意义在于：

A 生命的内涵有多丰富
B 一生做了多少件事情
C 追求每一分钟的充实
D 做的事情越多生活越有意义

10. 这篇文章的观点是：

A 我们要抓紧时间，提高效率，争取在最短的时间做完最多的事情
B 抓住飞逝的时光，让每一分钟都过得充实，有意义
C 不要为了争取每一分钟的忙碌而错过一生的风景
D 一个人的一辈子只有利用好每一分钟才活得有意义

광고글

중국 생활을 하다 보면 수많은 각양각색의 광고를 접하게 됩니다. 그중에서도 가장 많이 볼 수 있는 것은 아마도 직원 모집 광고일 것입니다. 이 밖에 일거리나 고객 유치를 위한 업종 광고, 인재를 모으려는 기업의 광고들도 자주 접할 수 있습니다.

실용독해

실용독해 1 모집 광고 招聘广告

모집 광고에서는 일반적으로 기업의 기본 상황, 채용 인원의 기본 조건과 대우, 모집 방식 등의 정보를 확인할 수 있다.

招聘
联系电话：陈先生 XXXX-XXXX
地址：江苏省常州市武进区福山桥镇五一村

生产装配人员

现因公司需要业务扩大，增加生产线，急需招聘操作员工60名！

◆ 要求：18-40周岁，男女不限，吃苦耐劳，服从工作安排。
◆ 待遇：保底2300元+各种补贴，月均工资3500以上。
◆ 福利：

(1) 免费工作餐
(2) 免费住宿(电视、空调、热水器)
(3) 缴纳五险
(4) 补充意外保险
(5) 高温补贴
(6) 节日礼品
(7) 年度旅游
(8) 租房补贴
(9) 工龄奖
(10) 年终奖
(11) 春节报销往返路费

◆ 培训：公司每年为员工举办4-5场职业培训
◆ 晋升：公司为优秀员工提供畅通的晋升平台

▶ 위의 광고에 관한 설명으로 알맞은 것에 ✓, 알맞지 않은 것에 X를 표시하세요.

Ⓐ 这是一则只招聘男员工的广告
Ⓑ 公司为新招聘的员工每月提供路费
Ⓒ 新招聘员工的月薪平均3500元以上
Ⓓ 新进员工的工作性质未定

단어

招聘 zhāopìn 동 모집하다, 채용하다 | 广告 guǎnggào 명 광고 | 生产 shēngchǎn 동 생산하다 | 装配 zhuāngpèi 동 조립하다, 설비하다 | 人员 rényuán 명 인원, 요원 | 员工 yuángōng 명 직원, 종업원 | 月薪 yuèxīn 명 월급 | 不限 bú xiàn 제한하지 않다 | 吃苦耐劳 chīkǔ nàiláo 성 고통과 어려움을 참고 견디다 | 服从 fúcóng 동 따르다, 복종하다 | 待遇 dàiyù 명 대우, 대접 | 补贴 bǔtiē 명 보조금, 수당 | 福利 fúlì 명 복지 | 免费 miǎnfèi 동 돈을 받지 않다, 무료로 하다 | 保险 bǎoxiǎn 명 보험 | 报销 bàoxiāo 동 (사용 경비를) 청구하다 | 培训 péixùn 동 양성하다, 훈련하다 | 晋升 jìnshēng 동 승진하다, 진급하다 | 平台 píngtái 명 플랫폼, 평균대, 출발대

실용독해 2 기업 광고 公司广告

기업을 알리는 광고에는 기업 역사, 기업이 추구하는 가치와 목표, 주요 사업 분야, 회사의 위치와 연락처 등의 정보를 확인할 수 있다.

▸ 위의 광고에 관한 설명으로 알맞은 것에 ✓, 알맞지 않은 것에 ✗를 표시하세요.

Ⓐ 这是一则介绍公司业务和地理位置的广告

Ⓑ 这家公司是一家专门从事室内设计装饰的连锁公司

Ⓒ 这家公司的宣传口号是专业、价格、严谨、服务

Ⓓ 这家公司位于海南省

단어

简介 jiǎnjiè 명 안내서, 간단한 소개서 동 간단하게 설명하다 | **连锁** liánsuǒ 형 연쇄적이다, 이어지다 | **设计** shèjì 동 설계하다, 디자인하다 | **策划** cèhuà 동 계획하다, 기획하다 | **配送** pèisòng 동 배송하다, (소비자가 주문한) 물품을 보내다 | **业务** yèwù 명 업무 | **指引** zhǐyǐn 동 안내하다 | **地理** dìlǐ 명 지리 | **位置** wèizhi 명 위치 | **装饰** zhuāngshì 동 장식하다 | **宣传** xuānchuán 동 홍보하다 | **专业** zhuānyè 명 전문, 전문적인 업무 | **严谨** yánjǐn 형 엄격하다, 신중하다

실용독해 3 채용 박람회 면접 요령 招聘会求职技巧

09-01

다음은 채용 박람회에서의 면접 요령에 관한 글이다. 첫인상의 중요성, 사전에 숙지해야 할 정보, 면접 시의 태도 등에 대해 설명하고 있다.

招聘会求职技巧

1、招聘会上第一印象至关重要。要满怀自信和热情，握手要坚定有力，眼睛直视对方，要注重举止形象，衣着得体，切忌过分随意的打扮；

2、先到招聘单位的展台前，了解招聘材料，诚恳地交谈，简单地介绍一下自己。当招聘人员表露出一定的兴趣时，你可以适时地留下你的简历；

3、与招聘人员谈话时，尽量突出和展示自身与招聘条件中的优势和能力相吻合的部分；

4、由于招聘会上与每位招聘人员的谈话都相当于面试，所以❶无论从态度、着装还是言谈举止，都❷要以面试的标准来要求。

단어

招聘会 zhāopìnhuì 명 채용 박람회 | 求职 qiúzhí 동 일자리를 찾다, 구직하다 | 技巧 jìqiǎo 명 기법 | 至关 zhìguān 지극히 | 满怀 mǎnhuái 동 가슴에 꽉 차다 | 握手 wòshǒu 동 손을 잡다, 악수하다 | 坚定 jiāndìng 형 굳다, 꿋꿋하다, 흔들리지 않다 | 举止 jǔzhǐ 명 행동거지 | 得体 détǐ 형 (언행이) 적당하다, 알맞다 | 切忌 qièjì 동 절대 삼가다, 절대 방지하다 | 随意 suíyì 부 (자기) 마음대로, 뜻대로 | 打扮 dǎban 명 차림(새), 치장 | 展台 zhǎntái 명 전시대, 진열대 | 交谈 jiāotán 동 대화를 나누다 | 表露 biǎolù 동 나타내다, 드러내다 | 适时 shìshí 형 시기가 적절하다, 제때에 하다 | 简历 jiǎnlì 명 이력서 | 尽量 jǐnliàng 부 되도록, 마음껏, 한껏 | 展示 zhǎnshì 동 분명하게 드러내 보이다, 펼쳐 보이다 | 优势 yōushì 명 우세 | 吻合 wěnhé 동 완전히 부합하다, 일치하다

주요 표현

1 由于……所以……

'由于……所以……' 인과관계를 나타내는 접속사이며, '因为……所以……', '……，因此(所以)……'와 같은 의미로 쓰인다. '由于'와 '因为' 뒤에는 원인을, '所以'와 '因此' 뒤에는 그 원인으로 초래한 결과가 온다. '~ 때문에 그래서 ~되었다'라고 해석한다.

- 由于没好好复习，所以这次考试考砸了。
  Yóuyú méi hǎohǎo fùxí, suǒyǐ zhè cì kǎoshì kǎozá le.
  복습을 잘 하지 않았기 때문에 이번 시험은 망했다.
- 因为下雪了，所以旅行取消了。
  Yīnwèi xià xuě le, suǒyǐ lǚxíng qǔxiāo le.
  눈이 왔기 때문에 여행은 취소됐다.
- 因为我没好好准备，所以面试没有通过。
  Yīnwèi wǒ méi hǎohǎo zhǔnbèi, suǒyǐ miànshì méiyǒu tōngguò.
  나는 준비를 잘 하지 않았기 때문에 면접에서 통과하지 못했다.

2 无论……都……

조건관계의 복문으로 '无论' 뒤에는 어떠한 상황이나 조건이 오고, 뒤 구절에는 '都'로 호응한다. '~와 관계없이 ~이다'라고 해석한다.

- 无论发生什么事，我都会站在你这边。
  Wúlùn fāshēng shénme shì, wǒ dōu huì zhànzài nǐ zhè biān.
  어떤 일이 발생하든 나는 네 편에 설 것이다.
- 无论你遇到什么困难，我都会帮助你。
  Wúlùn nǐ yùdào shénme kùnnán, wǒ dōu huì bāngzhù nǐ.
  네가 어떤 어려움을 당하더라도 나는 너를 도울 것이다.
- 无论他喜不喜欢这个工作，为了生活，他都得一直工作下去。
  Wúlùn tā xǐ bù xǐhuan zhège gōngzuò, wèile shēnghuó, tā dōu děi yìzhí gōngzuò xiàqù.
  그가 이 일을 좋아하든 말든 생계를 위해 그는 계속이 일을 해나가야만 한다.

실용독해 4 악수 예절 握手礼仪

09-02

아래는 다양한 예의범절 중에서도 악수에 대한 글이다. 악수는 주로 정중한 인사에서 사용하는 방식이며, 악수를 할 때에도 기본적으로 지켜야 할 예의가 있다.

握手礼仪

两人相向，握手为礼，是当今世界最为流行的礼节。不仅熟人、朋友，连陌生人、对手，都可能握手。握手常常伴随寒暄、致意，也表示相识、相见、告别、友好、祝贺、感谢、鼓励、支持、慰问等不同意义。中国人见面，握手也是传达礼貌的基本方式。

一般来说握手是有顺序的。比如主人、长辈、上司、女士主动伸出手，客人、晚辈、下属、男士再相迎握手。长辈与晚辈之间，长辈伸手后，晚辈才能伸手相握；上下级之间，上级伸手后，下级才能接握；主人与客人之间，主人宜主动伸手；男女之间，女方伸出手后，男方才能伸手相握。但无论什么人如果他忽略了握手礼的先后次序而已经伸了手，对方都应不迟疑地回握。行握手礼时，不必相隔很远就伸直手臂，也不要距离太近。一般距离约一步左右，上身稍向前倾，伸出右手，四指齐并，拇指张开，双方伸出的手一握即可，不要相互攥着不放，也不要用力使劲。若[1]和女士握手时，不要满手掌相触，而是轻握女士手指部位即可。

단어

礼仪 lǐyí 명 예의 | 寒暄 hánxuān 동 (상투적인) 인사말을 나누다 | 致意 zhìyì 동 (남에게 관심 · 인사 · 안부 등의) 호의를 보내다 | 慰问 wèiwèn 동 위문하다, 위로하고 안부를 묻다 | 鼓励 gǔlì 동 격려하다, (용기를) 북돋우다 | 传达 chuándá 동 전하다, 전달하다 | 顺序 shùnxù 명 순서, 차례 | 伸手 shēnshǒu 동 손을 내밀다, 손을 뻗다 | 宜 yí 동 형 적당하다, 알맞다 | 忽略 hūlüè 동 소홀히 하다 | 次序 cìxù 명 순서, 차례 | 迟疑 chíyí 형 망설이다 | 相隔 xiānggé 동 서로 떨어져 있다 | 手臂 shǒubì 명 팔뚝 | 攥 zuàn 동 꽉 쥐다 | 使劲 shǐjìn 동 힘을 쓰다 | 相触 xiāngchù 동 서로 접촉하다

① 若

'若'는 '如果'와 같은 의미로 '만약'이라는 뜻이며, 가설을 나타내는 문어 표현이다.

- 若你不说，他是不会知道那件事的。
  Ruò nǐ bù shuō, tā shì bú huì zhīdào nà jiàn shì de.
  만약 네가 말하지 않으면 그는 그 일을 알지 못할 것이다.

- 若天不助我，我只好放弃了。
  Ruò tiān bú zhù wǒ, wǒ zhǐhǎo fàngqì le.
  만약 하늘이 나를 돕지 않으면 나는 포기할 수밖에 없다.

- 若你不来，我们的聚会就没意思了。
  Ruò nǐ bù lái, wǒmen de jùhuì jiù méi yìsi le.
  만약 네가 오지 않으면 우리의 모임은 재미없을 것이다.

1. 请选出与下面图片上内容一致的一项。

(1)

A 名片　　B 绘本　　C 试卷　　D 书籍

(2)

A 该公司是一家雕刻图章的公司

B 该公司不接受车身广告

C 该公司的电话有两个

D 该公司的地址在义乌商贸城北面的中豪花园60-3号

(3)

招聘

优秀店长

女：28-35岁高中或以上学历

有从事店长工作经验者优先。

待遇：1500元~3000元以上

导购员

女：18-35岁

有品牌女装专卖店零售工作经验者优先。

待遇：1500元~2500元以上

欢迎您的加入

A 这则招聘广告要招聘店长，男女不限

B 优秀店长的应聘者必须大学毕业

C 有工作经验者优先

D 没有年龄限制

(4)

急招

- 本店因业务需要，向社会招聘店长一名，营业员三名。
- 年龄20-35周岁，女性、身体健康。
- 爱岗敬业，如有服装销售经验者，优先录用。
- 月工资1400+提成。

长丰剑奴裤业 • 千仞岗 • 雅鹿专卖店

A 急招一名店长和三名营业员

B 身体健康即可，年龄、性别不限

C 爱岗敬业，有任何销售经验均可优先录用

D 工资每月1400元

2. 从下面四个选项中选择最恰当的一项填在横线上。

(1) 该公司________的业务范围很广。

A 承担　　B 担任　　C 具有　　D 担负

(2) 公司对职员的待遇很________。

A 丰满　　B 丰富　　C 丰硕　　D 丰厚

(3) 参加面试时，一定要________你给人的第一印象。

A 整理　　B 注意　　C 打扮　　D 处理

3. 请选择排列顺序最恰当的一项。

(1) A 请在此不要乱张贴广告。
B 请不要乱张贴广告在此。
C 请不要在此乱张贴广告。
D 请不要乱在此张贴广告。

(2) A 我们公司提供印刷各种广告的为您服务。
B 我们公司提供为您各种印刷广告的服务。
C 我们为您提供印刷各种广告公司的服务。
D 我们公司为您提供印刷各种广告的服务。

(3) A 请问，您对您公司的广告设计还有什么要求?
B 请问，您对您公司的广告还有设计什么要求?
C 请问，您对您公司还有什么要求的广告设计?
D 请问，您对您公司的广告设计还有要求什么?

4. 阅读下列短文，然后从下面四个答案中选择最恰当的一项。 09-03

曾经品牌以在央视和卫视打广告为荣，因为这些广告投放面对的是众多的大众。现在在多屏时代，电视只是大家其中的一个选择。在互联网时期，出现了无数依据性格、思维方式等特征细分的粉丝人群。这些人群为品牌提供了针对性的选择，也慢慢改变了广告的传播方式。同时，自媒体的蓬勃发展，个人即媒体的趋势已经确认。

以前只有1%的企业能打得起广告，占总数的99.8%的中小企业打不起广告。自媒体使99%的企业也可以打得起零创意、零设计、一对一营销的第三代广告。

网红现象就是一种典型的窄告式传播。现在，粉丝经济的基础与大众传播时代大不相同，人们根据自己的喜好，选择自己喜欢的个性网红，他/她未必是什么大牌明星，而是跟消费者相像或者趣味相投的普通人。

(1) 改变广告传播方式的原因很多，文中没提到的是哪个？

A 报纸　　B 电视

C 粉丝人群　　D 自媒体

(2) 下面不符合第三代广告特征的是？

A 零创意　　B 零设计

C 一对多营销　　D 一对一营销

(3) 下面关于“网红”的说明正确的是？

A 网红的喜好都一样

B 网红一般都是大牌明星

C 网红跟消费者的兴趣不一样

D 网红现象就是一种典型的窄告式传播

활동학습

收集日常生活中三种常用类型的广告，贴在下面空格内，说明其用处。

→

→

→

소개서

중국에서 무역이나 사업을 위한 협력 파트너를 구할 때 여러 회사의 소개서를 보게 됩니다. 본 과에서는 중국의 다양한 기업의 소개글과 중국 현지에서의 기업 등록 규정에 관한 글을 살펴 봅니다.

실용독해

실용독해 1 기업 등록 과정 公司注册流程

10-01

다음은 중국에서 회사를 등록하는 과정을 설명한 글이다. 아래에서 알 수 있는 정보를 확인해 보자.

公司注册流程

1. 去工商局办理营业执照。
   包括：企业核名→提交材料→领取执照
2. 去刻章。包括公章、财务章、法人章、发票章、合同章。打印一份申请表、营业执照复印件、经办人需要带着委托书去公安局备案。
3. 去银行开户。需要法人本人去，营业执照正本也要带上。
4. 去政务大厅开通税务登记。需要法人、办税员信息。
5. 去国地税进行税种认定、开通网上申报、签订三方协议、发票发行、购买金税盘等。

▶ 위의 글에 관한 설명으로 알맞은 것에 ✓, 알맞지 않은 것에 ✗를 표시하세요.

Ⓐ 在中国注册公司要去税务局办理营业执照

Ⓑ 领取执照后直接去公安局备案

Ⓒ 去银行开户时必须法人带上营业执照正本亲自去办理

Ⓓ 注册公司流程的最后一项是去办理税务登记

단어

注册 zhùcè 동 (기관 · 학교 등에) 등록하다, 등기하다 | 工商局 gōngshāngjú 명 工商行政管理局(상공행정관리국)의 약칭 | 营业执照 yíngyè zhízhào 사업자 등록증 | 核名 hémíng 명칭을 심사 비준하다 | 刻章 kèzhāng 도장을 새기다 | 经办人 jīngbànrén 명 업무 담당자, 취급인 | 委托书 wěituōshū 명 위탁 증서 | 公安局 gōng'ānjú 명 경찰국 | 备案 bèi'àn 동 (문건 등을) 등록하다, (신청 · 소송 등이) 수리되다 | 开户 kāihù 동 (은행이나 증권 거래소의) 계좌를 개설하다 | 法人 fǎrén 명 법률 법인 | 正本 zhèngběn 명 (문서의) 원본 | 税务 shuìwù 명 세무 | 登记 dēngjì 동 등기하다, 등록하다 | 申报 shēnbào 동 보고하다, 신고하다 | 签订 qiāndìng 동 체결하다, 서명하다

실용독해 2 기업 규정 公司章程

10-02

사칙은 회사 창립의 토대가 되며, 회사가 발전하는 데 매우 중요한 의미가 있다. 아래 기업 규정을 읽고 알 수 있는 정보를 확인해 보자.

公司章程

公司章程，是指公司依法制定的、规定公司名称、住所、经营范围、经营管理制度等重大事项的基本文件，也是公司必备的规定公司组织及活动基本规则的书面文件。

公司章程是股东共同一致的意思表示，载明了公司组织和活动的基本准则，是公司的宪章。公司章程具有法定性、真实性、自治性和公开性的基本特征。公司章程与《公司法》一样，共同肩负调整公司活动的责任。作为公司组织与行为的基本准则，公司章程对公司的成立及运营具有十分重要的意义，它既是公司成立的基础，也是公司赖以生存的灵魂。

▶ 위의 글에 관한 설명으로 알맞은 것에 ✓, 알맞지 않은 것에 X를 표시하세요.

Ⓐ 公司章程是一种书面文件
Ⓑ 公司章程只是公司内部文件，没有什么法律效力
Ⓒ 公司章程由公司的董事长自主制定
Ⓓ 公司章程不必向职员公开

단어

章程 zhāngchéng 명 규정, 규율 | **依法** yīfǎ 동 법에 의거하다 | **必备** bìbèi 동 반드시 갖추다 | **股东** gǔdōng 명 주주 | **载明** zàimíng 동 명확하게 적다, 기재하다 | **准则** zhǔnzé 명 준칙, 규범 | **宪章** xiànzhāng 명 전장(典章) 제도 | **肩负** jiānfù 동 맡다 | **调整** tiáozhěng 동 조정하다, 조절하다 | **成立** chénglì 동 (조직 · 기구 등을) 설립하다, 창립하다 | **运营** yùnyíng 명 운행과 영업 동 운행 영업하다 | **赖以** làiyǐ 동 의지하다 | **灵魂** línghún 명 영혼

실용독해 3 회사 소개 1

10-03

다음은 어느 회사의 소개글이다. 설립 연도와 주력 사업 분야, 기업이 추구하는 가치와 성과에 대해 명시하고 있다.

公司介绍

北京心灵方舟科技发展有限公司成立于2000年8月，是北京市高新技术企业，并于2004年12月通过信息产业部软件企业认证。

公司成立以来，专心致力于心理学技术应用方面的研发与推广工作，特别[1]在教育领域，公司现已形成以PSYKEY为品牌，内容覆盖高校教研和学生心理健康教育的系列产品和服务体系。

我们秉承“以用户增值为自身价值体现”的企业价值观。坚持“立足心理专业产品研发，着眼心理专业服务应用”的企业发展战略。为包括港澳地区在内的全国30多个省市的上千家用户提供了专业化的产品与服务，其中心理学实验教学教研软件在全国专业高校市场中占有率达80%以上，居于全国首位。

“因为专业，所以领先”是我们一直坚持的企业发展之道。公司拥有包括来自北大、清华的专家学者所组成的专业技术团队，同时与国内外众多的研究机构和高校专业力量保持着良好的合作伙伴关系。

北京心灵方舟科技发展有限公司

단어

信息产业部 xìnxī chǎnyè bù 정보 산업부 | **软件** ruǎnjiàn 명 소프트웨어 | **认证** rènzhèng 명 인증 동 인증하다 | **致力于** zhìlì yú (어떤 일을 하거나 이루기 위해) 애쓰다, 힘쓰다 | **研发** yánfā 동 연구 개발하다 | **推广** tuīguǎng 동 널리 보급하다, 확대하다 | **品牌** pǐnpái 명 상표, 브랜드 | **覆盖** fùgài 동 덮다 | **系列** xìliè 명 계열, 시리즈 | **体系** tǐxì 명 체계 | **秉承** bǐngchéng 동 삼가 받들다, 받아들이다 | **着眼** zhuóyǎn 동 고려하다, 착안하다 | **战略** zhànlüè 명 전략 | **提供** tígōng 동 제공하다, 공급하다 | **占有率** 명 zhànyǒulǜ 점유율 | **领先** lǐngxiān 동 선두에 서다, 앞장서다

주요 표현

1 特别

'**特别**'는 부사와 형용사 두 가지의 용법이 있다. 부사로 쓰이면 '특히', '특별히', '매우', '아주' 등의 의미를 나타낸다. 주의해야 할 점은 우리말 '특히'는 중국어로 '**特别是**'로 말해야 한다.

- 我很喜欢韩国菜，特别是烤肉。
  Wǒ hěn xǐhuan Hánguó cài, tèbié shì kǎoròu.
  나는 한국 요리를 매우 좋아하는데, 특히 불고기를 좋아한다.

- 他每天都特别忙，特别是星期一，简直忙得不可开交。
  Tā měitiān dōu tèbié máng, tèbié shì xīngqīyī, jiǎnzhí máng de bù kě kāijiāo.
  그는 매일 무척 바쁜데, 특히 월요일은 그야말로 눈코 뜰 새 없이 바쁘다.

실용독해 4 회사 소개 2

10-04

아래 기업의 소개글을 통해 주력 사업 분야, 기업이 추구하는 신념과 성과에 대한 정보를 확인해 보자.

Aosta Introduction

奥斯塔简介

奥斯塔(北京)热能技术有限公司是一家专业生产、销售燃气壁挂炉和燃气热水器的知名企业。自创立以来[1]，始终坚持科技领先的信念，永不停步的技术创新，把科技带来的温馨感受送到千家万户。

奥斯塔(北京)热能技术有限公司设计规模年产量40万台。欧洲经典设计与先进技术的完美结合，使产品节能环保，其安全性、可靠性在同行业中处于明显领先优势。公司结合国内气源、水源等特殊性，紧密贴近国内市场，在产品生产和检测上都采用了行业最先进的设备，可检测包括国家标准要求的有关家用燃气产品的检测项目，先后荣获中国暖通工程师协会组委会推荐节能产品、中国土木工程学会城市燃气分会应用专业委员会会员资格、“中国质量万里行”产品质量稳定合格知名品牌等荣誉称号。产品畅销全国各地，深受广大用户信赖。

奥斯塔作为燃气供热行业的知名品牌，愿以优异的品质内涵，行业内顶尖技师的指导，完善的售后服务系统，成熟的经销商团队与社会各界精诚合作，共创辉煌。

단어

燃气壁挂炉 ránqì bìguà lú 벽걸이 가스 보일러 | **燃气热水器** ránqì rèshuǐ qì 가스 온수기 | **创立** chuànglì 동 창립하다 | **信念** xìnniàn 명 신념, 믿음 | **创新** chuàngxīn 명 창의성 | **温馨** wēnxīn 형 따스하다 | **千家万户** qiānjiāwànhù 성 수많은 가구, 많은 집들 | **节能** jiénéng 동 에너지를 절약하다 | **环保** huánbǎo 环境保护(환경 보호)의 약칭 | **贴近** tiējìn 동 접근하다 | **设备** shèbèi 명 설비, 시설 | **检测** jiǎncè 동 검측하다 | **畅销** chàngxiāo 형 판로가 넓다, 잘 팔리다 | **信赖** xìnlài 명 신뢰 동 신뢰하다 | **内涵** nèihán 명 내포, 내실 | **顶尖** dǐngjiān 형 최상위의 | **售后服务** shòuhòu fúwù 애프터 서비스, A/S

1 自……以来

전치사 '自'는 '从', '自从'과 같은 뜻으로 사용되며 '~부터'라는 의미이다.

- 自古以来，中韩两国就有着紧密的联系。
  Zì gǔ yǐlái, Zhōng Hán liǎng guó jiù yǒuzhe jǐnmì de liánxì.
  예로부터 한중 양국 간에는 긴밀한 관계를 가지고 있다.

- 自学习汉语以来，我对中国越来越感兴趣。
  Zì xuéxí Hànyǔ yǐlái, wǒ duì Zhōngguó yuèláiyuè gǎn xìngqù.
  중국어를 배운 때부터 나는 점점 더 중국에 흥미를 느낀다.

- 自一九九三年毕业以来，他一直都在那个公司，认认真真地工作。
  Zì yī jiǔ jiǔ sān nián bìyè yǐlái, tā yìzhí dōu zài nàge gōngsī, rènrènzhēnzhēn de gōngzuò.
  1993년 졸업한 이후부터 그는 줄곧 그 회사에서 열심히 일하고 있다.

실전연습문제

1. 请选出与下面图片上内容一致的一项。

(1)

公司简介

甘肃创信建筑工程有限公司成立于2002年8月，是具备房地产开发、建筑施工、公路、餐饮住宿于一体的综合型企业，现具有房屋建筑工程施工总承包贰级、市政公用工程施工总承包贰级、公路工程施工总承包叁级资质。连续获得省级“重合同、守信用”企业，是省建设厅命名的“优秀施工企业”、“全省建设工程质量管理先进单位”，并通过ISO9001:2000质量管理体系和GB/T28001:2001职业健康安全管理体系认证，是甘肃省建筑业联合会直属会员单位。公司法定代表人刘海明同志被省建筑业联合会授予“优秀企业经营者”称号。

公司年平均从业人员1200人，各类专业技术人员164人，高级工程师3人，各类注册建造师86人。拥有大中型施工机械设备1268(件)。公司机构、生产要素配置科学合理，能满足资质许可的工程施工需要。

A 该公司的法人曾被省建设厅授予“优秀企业经营者”称号

B 该公司成立于2002年，是一家单纯的建筑公司

C 该公司目前只做房地产开发，还不能满足各种施工要求

D 该公司拥有各类专业技术人员和高级工程师，以及各类注册建造师

(2)

誓　　词

我是中国人寿保险公司收展部的一员，我宣誓：

热爱中国人寿，忠于渠道价值；
立足收展队伍，明确发展目标；
勤学专业知识，苦练职业技能；
坚持自主经营，引领伙伴创富；
常怀包容胸襟，保持感恩之心；
支撑服务客户，深耕区域市场；
笑迎各种困难，勇攀事业高峰；
造就国手栋梁，共创收展辉煌。

A 这是一家保险公司的公司简介

B 这家保险公司的职员需要热爱生命

C 该公司的职员入职时需要按照图片上提供的内容进行宣誓

D 公司强调个人的能力，不重视集体创造

(3)

简　介

上海丹娜服饰有限公司是一家集研发设计、生产、销售于一体的现代化女装服饰企业。

“曼丝秀登”是公司2002年从法国引进的一款时尚女装，同时也是针对中国成熟女性开发的品牌女装，致力打造最具竞争的一流女性品牌。

公司主导的女装品牌，“曼丝秀登”将西方时尚与东方经典完美结合，演绎时尚、高雅、经典、简洁的品牌风格，在市场激烈的竞争中，“曼丝秀登”凭着时尚的设计、精湛的工艺、独特的面料、合理的价格定位而得到中国女性的认可、风雨十年，一步步走向成功，市场占有率、品牌知名度不断地提高。

A 这是一家位于上海的外资企业

B 该企业只销售法国“曼丝秀登”女装

C 该企业不仅销售女装，还自行研发设计一些女装

D 该企业销售的女装因为面料独特，所以价格昂贵

(4)

中心简介

颍上县旭发职业简介中心是经安徽省颍上县人力资源和社会保障局批准，在颍上工商局注册登记，具备从事国内猎头服务、职业介绍、员工租赁、劳务派遣、企业管理咨询、企业培训等劳动事务服务资质，并荣获上海远洋外派劳务公司批准。常年招生国际海员。

公司秉承“服务用人者、保障劳动者”的宗旨，以务实的工作和优良的服务，赢得了国内多家知名企业的青睐，并与之建立了稳固的人力资源合作关系，行业涵盖家电生产、货物装卸、饮(食)品制作、电子厂等等。

安徽颍上县旭发职业介绍中心

A 该中心是一家职业介绍中心

B 该中心的主要业务是提供外派劳务，招聘国际海员

C 该中心不仅为国内企业提供人力资源，还为国外企业提供人力资源

D 该公司与国内外多家知名企业建立了稳固的合作关系

2. 从下面四个选项中选择最恰当的一项填在横线上。

(1) 职场中需要________职场文化。

A 保持　　B 敬爱　　C 尊敬　　D 遵守

(2) 工作中，________好上下级关系和同事关系极其重要。

A 处理　　B 清理　　C 思考　　D 考虑

(3) 每个公司都会通过________自己的规章制度来约束职员。

A 安排　　B 制定　　C 做　　D 约定

3. 请选择排列顺序最恰当的一项。

(1) A 入职后，你接受需要公司职场文化的教育。
B 入职后，你需要公司职场文化的接受教育。
C 入职后，你需要接受公司职场文化的教育。
D 入职后，你接受公司职场文化教育的需要。

(2) A 求职前认真要阅读公司的简介。
B 求职前要公司的简介认真阅读。
C 要认真求职前阅读公司的简介。
D 求职前要认真阅读公司的简介。

(3) A 让公司简介是一个人了解该公司最简单的方法。
B 公司简介是让一个人了解该公司最简单的方法。
C 公司简介是让了解该公司一个人最简单的方法。
D 公司简介是最简单让一个人了解该公司的方法。

4. 阅读下列短文，然后从下面四个答案中选择最恰当的一项。 10-05

苹果股价大跌，为了改变苹果手机销量不佳的局面，苹果在美国官网上线了折价换新的优惠活动，并向老用户推送消息，宣传新iPhone，鼓励用户参与以旧换新。

iPhone一直比较保值，使用周期也比较长。目前来看，苹果给出的以旧换新价格并不是很高，这部分老苹果用户完全可以把手中的iPhone通过其他渠道出售或转送他人使用。但总的来说，这次折抵换购活动对整体新iPhone销量提升影响不太大，参与用户数量也有限。

业内人士分析，定价高是iPhone销量惨淡的原因之一。现在的市场状况表明，苹果正在受制于iPhone的高售价。根据手机行业的以往经验，当定价权丧失时，消费科技公司要么损失利润率，要么失去市场份额，或者两者同时失去。

(1) 关于苹果手机，文中没有提到的是：

A 苹果股价大跌
B 很多老用户还是喜欢购买苹果手机
C 苹果的定价高
D 参与苹果折抵换购的用户数量有限

(2) 苹果公司采取了什么销售方式来改变销量不佳的局面？

A 降低苹果的价格　　B 买一赠一
C 赠送礼品　　D 折价换新

(3) 文中提到的苹果销售惨淡的原因是：

A 中美关系紧张　　B 其他品牌手机物美价廉
C 苹果手机售价过高　　D 中国人不喜欢美国的产品

활동학습

收集日常生活中看到的公司简介，贴在下面空格内，说明一下。

➔ ______________________________

주문서

1992년 한·중 수교 후, 양국 무역 관계는 빠른 속도로 성장하여 2015년 한중 FTA 체결로 양국 교역의 품목도 한층 다양해졌습니다. 한·중 무역 계약은 주로 물품 매매 계약서를 중심으로 이루어지는데, 본 과에서는 국제매매계약서를 비롯한 한·중 무역에서 자주 사용되는 계약서와 제안서를 소개합니다.

실용독해 1 도서 주문서 图书订购单

아래 도서 주문서의 각 사항을 이해하면서 알 수 있는 정보를 확인해 보자.

订购商品明细

项次	商品名称		市场价	折扣	促销价	数量	小计
1	主商品	流行美语系列(年购)月刊彩色	$240	7.5折	$180	1	$180
2	赠品	◈ 英语语法大全(书+MP3) ◈ 速读英语原著宝典(书+MP3)					
3	运费	挂号每期加收20元邮费	n / a	n / a	$52	1	$52
总计							$232

报价公司基本信息

名称	龙云文化事业股份有限公司	联络人	李○○
地址	香港○○湾○○道3号新闻集团大厦	电话	00852-2842-5563

▶ 위의 표에 관한 설명으로 알맞은 것에 ✓, 알맞지 않은 것에 ✕를 표시하세요.

Ⓐ 这是一张购买服装商品的订购单

Ⓑ 这种商品的促销价是180美元 / 月

Ⓒ 购买这种商品时有赠品

Ⓓ 这种商品的报价公司在中国的香港

단어

订购 dìnggòu 동 예매하다, 주문하다 | **明细** míngxì 명 명세표 형 명확하고 상세하다 | **市场价** shìchǎnjià 시장 가격, 정상 가격 | **折扣** zhékòu 명 할인, 에누리 | **促销价** cùxiāojià 특별가 [판촉을 위해 책정된 할인 가격] | **赠品** zèngpǐn 명 선물, 증정품, 경품 | **宝典** bǎodiǎn 명 진귀한 책, 희귀한 책 [주로 서적에 쓰임] | **运费** yùnfèi 명 운송비, 운임 | **挂号** guàhào 동 (편지를) 등기로 부치다, 접수시키다, 수속하다 | **报价** bàojià 동 (판매측이) 가격을 제시하다

실용독해 2 식품 주문서 食品订购单

아래 식품 주문서의 각 사항을 이해하면서 알 수 있는 정보를 확인해 보자.

品名	售价(元)	优惠价(元)	数量(盒)	内容
久居礼盒	315	250	6	杏仁蓝莓酥 (各6入)
银月亮礼盒	439	350	8	松子凤梨酥 (各8入)
日式精选礼盒	625	500		手工养生饼干 (3包)
桂圆红枣礼盒	全年特价320		4	风味独特 (重1.5公斤)
柚子茶礼盒	全年特价270		6	韩国原装进口 (重1公斤)
以上计:___盒　金额:___元　运费:_120_元　总计:___元				
付费方式：银行电汇或ATM转账 户名：财团法人○○市仁爱保健院 银行：○○市○○商业银行　银行代码：151　账号：00013-11-01056-6-0				

▸ 위의 표에 관한 설명으로 알맞은 것에 ✓, 알맞지 않은 것에 ✕를 표시하세요.

Ⓐ 这是一张购买年货的订购单

Ⓑ 日式精选礼盒是机器生产的

Ⓒ 购买柚子茶礼盒可享受全年特价

Ⓓ 买方只能选择银行电汇付款

단어

售价 shòujià 명 판매 가격 | **优惠价** yōuhuìjià 명 우대 가격 | **特价** tèjià 명 특가, 특별 할인 가격 | **礼盒** lǐhé 명 선물 세트 | **酥** sū 명 과자 [밀가루에 기름과 설탕을 섞어서 바삭바삭하게 만든 과자] | **饼干** bǐnggān 명 비스켓, 크래커, 과자 | **原装** yuánzhuāng 원산지 완제품, 원산지 생산 | **金额** jīn'é 명 금액 | **电汇** diànhuì 동 전신환을 보내다 | **转账** zhuǎnzhàng 동 계좌 이체하다 | **户名** hùmíng 명 상호명, 계좌 명의

실용독해 3 상품 매매 계약서 货物买卖合同书

다음은 한국 기업의 전자제품 수입과 관련된 두 기업의 상품 매매 계약서이다. 각 사항들을 살펴보면서 정보를 확인해 보자.

货物买卖合同书

东方进出口有限公司（以下简称‘买方’）和明昌电子株式会社（以下简称‘卖方’）根据相互承诺达成[1]下列共同意向。
以兹共同遵守。

	产品序号	货物及明细	数量	单价	金额
◎	MC26RT3L	榨汁机(第一代)	50 PCS	$271 CIF 大连	13,550$
◎	MC26RG3L	榨汁机(第二代)	20 PCS	$356 CIF 大连	7,120$
◎	MC26RS3L	榨汁机(第三代)	10 PCS	$398 CIF 大连	3,980$
合计					24,650$

- 装船港： 韩国 釜山 港
- 目的港： 中国 大连 港
- 装船条件：2016年 6月 27日前，允许转运。
- 货款支付：见票即付不可撤销信用证(AT SIGHT L/C)
- 质量条件：凭商标交易[2]
- 保险：买方以CIF价格的110%投保(ALL risks War an SRCC risks)。
- 其他与本合同有关的事项均参照国际标准买卖合同。

	买方	卖方
公司名称：	东方进出口有限公司	明昌电子株式会社
地　　址：	中国大连市○○区○○路256号	韩国釜山市○○区○○洞89号
联系电话：	0086-411-65894533	0082-51-6255900

단어

合同书 hétongshū 명 계약서 | 买方 mǎifāng 명 사는 사람, 구매자 | 卖方 màifāng 명 파는 사람, 판매자 | 承诺 chéngnuò 동 승낙하다, 대답하다 | 序号 xùhào 명 순번, 시리얼 넘버 | 榨汁机 zhàzhījī 명 착즙기, 믹서기 | 装船 zhuāngchuán 동 선박에 적재하다 | 转运 zhuǎnyùn 동 운반된 화물을 다시 다른 곳으로 운송하다 | 货款 huòkuǎn 명 상품 대금, 물건값 | 撤销 chèxiāo 동 없애다, 취소하다 | 信用证 xìnyòngzhèng 명 신용장 | 商标 shāngbiāo 명 상표 | 交易 jiāoyì 동 교역하다, 매매하다, 거래하다 | 投保 tóubǎo 동 보험에 가입하다, 보험을 들다

1 根据……达成……

'根据……达成……'은 문서나 공식 연설에서 매우 자주 사용하는 관용 표현으로 '~(기준)에 따라 이루어지다'로 해석한다.

- 根据双方达成的协议，收购金额为20亿美元。
  Gēnjù shuāngfāng dáchéng de xiéyì, shōugòu jīn'é wéi èrshí yì měiyuán.
  양사 협의에 따른 인수 금액은 20억 달러이다.

- 此项目是根据今年首脑会谈上达成的协议进行的。
  Cǐ xiàngmù shì gēnjù jīnnián shǒunǎo huìtán shang dáchéng de xiéyì jìnxíng de.
  이 프로젝트는 올해 열린 정상회담 합의에 따라 진행되었다.

2 凭……交易

'凭……交易'는 주로 무역 문서에서 쓰는 관용 표현으로 '~에 의거하여 거래하다'로 해석한다.

- 我方要求签署凭样品交易的合同。
  Wǒ fāng yāoqiú qiānshǔ píng yàngpǐn jiāoyì de hétong.
  우리는 샘플 계약에 의한 판매를 요구한다.

- 交易双方采取了凭信用证交易的方式。
  Jiāoyì shuāngfāng cǎiqǔ le píng xìnyòngzhèng jiāoyì de fāngshì.
  거래 당사자들은 신용장 거래 방식을 채택하였다.

실용독해 4 협력 의향서 合作意向书

11-01

다음은 한국의 전자제품사와 중국의 제조협력사의 협력 의향서이다. 각 조항들을 살펴보면서 알 수 있는 정보를 확인해 보자.

合作意向书

甲方在[大韩民国]经营[电子产品的销售业]，乙方在[中华人民共和国]经营[电脑的制造和销售业]。双方当事人在平等互利的原则基础上，经友好协商，拟在中国设立以[制造电脑及销售]为主的公司，甲乙双方根据相互承诺达成下列共同意向。

第一、公司设立

甲乙双方应根据中国法律进行新公司的设立及登记。登记设立的新公司法定地址位于[中国陕西省西安市○○区○○路23号]。双方当事人应相互协助处理有关新公司的设立及登记程序和相关事宜。

第二、董事会

新公司的经营、管理及控制的责任归属于新公司的董事会。董事会根据董事会决议、章程和法律规定，可以向新公司的高级管理人员委托执行新公司业务的权利。

第三、营业目的

各方当事人根据技术使用合同的规定，制造及销售利用乙方提供的技术拟生产的产品。

第四、销售价格

销售给甲方或出口的产品价格经甲乙协商后由新公司决定。但是该价格应在产品拟销售的市场中具有竞争力。

第五、审计

每个会计年度结束时，新公司应利用自己的费用在双方当事人都认可的注册会计师事务所接受会计账簿及相关材料的审计。该注册会计师事务所应向各方当事人出具❶会计报告。

第六、后续措施

双方当事人商定，今后将就有关事项进行❷进一步洽谈，提出具体实施方案。

단어

意向书 yìxiàngshū 명 제안서, 의정서, 의향서 | **协商** xiéshāng 동 협상하다, 협의하다 | **董事会** dǒngshìhuì 명 이사회 | **归属** guīshǔ 동 ~에 속하다, ~에 귀속되다 | **施行** shīxíng 동 집행하다, 시행하다, 실시하다 | **权利** quánlì 명 권리 | **审计** shěnjì 동 회계 감사를 하다 | **账簿** zhàngbù 명 장부 | **出具** chūjù 동 발급하다, 발행하다 | **后续** hòuxù 형 후속의 | **洽谈** qiàtán 동 협상하다, 상담하다

주요 표현

1 向……出具……

'向……出具……'는 국제 무역 문서에서 자주 사용하는 관용 표현으로 '~에게 ~을 발급하다'로 해석한다.

- 向承租人要求付款时，需出具发票。
  Xiàng chéngzūrén yāoqiú fùkuǎn shí, xū chūjù fāpiào.
  임차인에 대한 지급 청구를 할 때마다 영수증을 발행해야 한다.

- 为了向船厂索赔，请给我出具证明。
  Wèi le xiàng chuánchǎng suǒpéi, qǐng gěi wǒ chūjù zhèngmíng.
  조선소에 청구할 수 있도록 인증서를 발급해 주세요.

2 将就……进行……

'将就'와 '进行'은 문서나 공식 연설에서 자주 사용하는 관용 표현으로 '(지속적인 활동을) 다룰 것이다'로 해석한다.

- 两国首脑将就今后的合作方案进行协商。
  Liǎng guó shǒunǎo jiāng jiù jīnhòu de hézuò fāng'àn jìnxíng xiéshāng.
  양국 정상들은 향후 협력 방안에 대하여 협상할 것이다.

- 国家将就可持续发展方案，对企业进行问卷调查。
  Guójiā jiāng jiù kěchíxù fāzhǎn fāng'àn, duì qǐyè jìnxíng wènjuàn diàochá.
  국가는 지속 가능한 발전 방안에 대해 기업들을 상대로 설문조사를 실시할 계획이다.

실전연습문제

1. 请选出与下面图片上内容一致的一项。

(1)

订货量（条）	价格
1-99	19.00元/条
100-199	17.80元/条
≧200	17.50元/条

发货地点：广东 中山
物流运费：快递10元 ︙ 运费计算
累计出售：11042条 ★★★★★（共254条评价）
颜色：918蓝色 918黑色
尺码：26 27 28 29 30 31
建议零售价：59.00元/条

A 这是一张订购电子产品的订购单
B 批量订购此产品的价格是59元 / 条
C 订购的产品将从北京发货
D 此类产品已经售出了一万多件

(2)

订购明细				
品名	规格	价格（元/箱）	数量	金额
古井贡酒年份原浆38度5年献礼版	箱	948		
古井贡酒年份原浆50度5年献礼版	箱	1128		
古井贡酒年份原浆38度8年	箱	1968		
古井贡酒年份原浆50度8年	箱	2148		
古井贡酒年份原浆50度16年	箱	3258		
古井贡酒年份原浆50度26年	箱	8928		
合计				

*联谊会现场订购，可享受以下活动：
购买古井贡酒年份原浆38度5年献礼版15箱，赠古井贡酒年份原浆50度16年一箱，价值3528元

A 这是一张订购酒类商品的订购单
B 此类酒26年原浆50度售价为8928元 / 瓶
C 如果在此类酒联谊会现场订购可免费
D 此类酒中的16年原浆50度售价为1968元 / 箱

(3)

订购单

请各购书单位及个人详细填写以下内容，传真回测绘出版社。书款请通过银行汇款。购书合计10册（含）以下的另加收总书款的10%的邮费，购书10册以上的，不收邮费。款到发书。

联系部门：测绘出版社市场营销部
联系人：赵建生
联系方式：(010) 68510259　　(010) 68531160（兼传真）
银行汇款：
户名：测绘出版社
开户行：工商银行北京百万庄支行
账号：0200001409014446396

盖章
2010年4月

A 这是一张购买测绘工具的订购单

B 购买10件以下商品的不收邮费

C 订购商品时需要把填好的订购单传真回出版社

D 订购书籍的费用需要汇款到人民银行

(4)

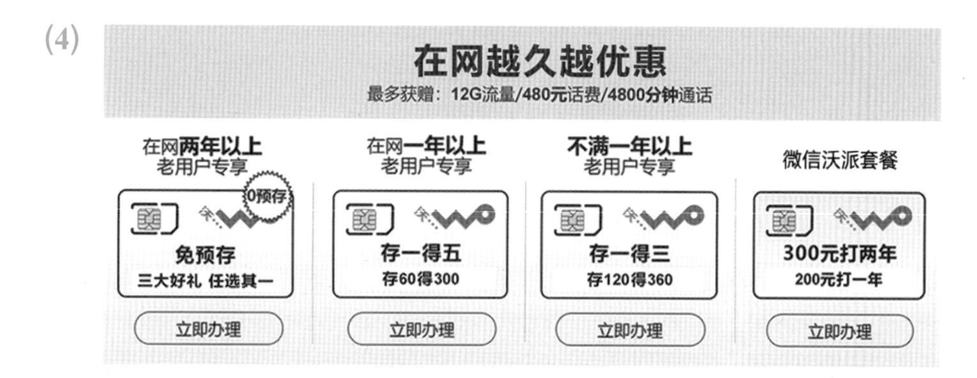

A 这是一张购买汉堡套餐的促销单

B 在网一年以上的老用户可选择“存一得五”的优惠

C 如果购买沃派套餐可享受两年300元的午餐

D 在网两年以上的老用户可得到三大好礼

2. 从下面四个选项中选择最恰当的一项填在横线上。

(1) 其他与本合同有关的事项均________国际标准买卖合同。

A 按照　B 参加　C 参与　D 参照

(2) 甲乙双方应根据中国法律________新公司的设立及登记。

A 处理　B 开始　C 进行　D 遵守

(3) 销售给甲方或出口的产品价格______甲乙协商后由新公司决定。

A 经　B 给　C 向　D 由

3. 请选择排列顺序最恰当的一项。

(1) A 甲乙双方应根据中国法律进行新公司的设立及登记。
B 甲乙双方根据中国法律应进行新公司的设立及登记。
C 甲乙双方应中国法律根据进行新公司的设立及登记。
D 甲乙双方应根据中国法律新公司的进行设立及登记。

(2) A 价格在产品拟销售的市场中应具有竞争力。
B 价格应在产品销售的市场中拟具有竞争力。
C 价格应拟在产品销售的市场中具有竞争力。
D 价格应在产品拟销售的市场中具有竞争力。

(3) A 今后就有关事项将进行进一步洽谈。
B 今后将有关事项就进行进一步洽谈。
C 今后将就有关事项进行进一步洽谈。
D 今后将就有关事项进一步进行洽谈。

4. 阅读下列短文，然后从下面四个答案中选择最恰当的一项。 11-02

商品房买卖合同范本

1、本合同文本为示范文本，也可以作为签约使用文本。签约之前，买受人应当仔细阅读本合同内容，对合同条款及专业用词理解不一致的，可向当地房地产开发主管部门咨询。
2、本合同所称商品房是指由房地产按开发企业开发建设并出售的房屋。
3、为体现合同双方的自愿原则，本合同文本中相关条款后都有空白行，供双方自行约定或补充约定。双方当事人可以对文本条款的内容进行修改、增补或删减。合同签订生效后，未被修改的文本印刷文字视为双方同意内容。
4、本合同中涉及到的选择、填写内容以手写项为优先。
5、对合同文本【】中的选择内容、空格部位填写及其他需要删除或添加的内容，双方应当协商确定。【】中选择内容，以划✓方式选定；对于实际情况未发生或买卖双方不做约定时，应在空格部位打X，以示删除。
6、在签订合同前，出卖人应当向买受人出示应当由出卖人提供的有关证书、证明文件。

(1) 下列选项中，与原文不符的一项是？

A 商品房是由私营企业开发的　　B 商品房是一种公共建筑
C 它是一个示范文本　　D 它可以作为签约文本

(2) 这是一个什么种类的合同？

A 服装商品合同　　B 房屋买卖合同
C 休闲商品合同　　D 旅行商品合同

(3) 下列选项中，说法正确的一项是？

A 合同中的空白处必须手写填写　　B 买受人单独决定文本中要删除的内容
C 对于双方不作约定的内容可以忽略　　D 售房方应出具有关证书和证明文件

활동학습

收集国际贸易中常见的三种商品买卖合同书，贴在下面空格内，并说明其内容。

→

→

→

설명서

설명서는 특정 시스템을 사용하는 사람들에게 도움을 제공하기 위한 기술 소통 문서입니다. 일반적으로 전자 제품, 컴퓨터 하드웨어, 안전 설비 등 기술 문서에 연동되며 입학 신청절차, 출입국 주의사항, 비자 신청 변경 사항 등 공문서에도 자주 등장합니다. 본 과에서는 상품이나 공식 절차와 관련된 설명서를 소개합니다.

실용독해 1 입학 신청 설명 人学申请说明

12-01

아래는 온라인을 통한 유학생 입학 신청 방법에 관한 설명이다. 입학 신청 과정을 이해하면서 알 수 있는 정보를 확인해 보자.

留学生入学在线申请

1. 登录○○大学留学生官方报名网站，使用邮箱注册申请帐号。
2. 帐号申请成功后，将自动返回申请页面，开始网上申请。如果您是校际交流生，学生类别可选择校际交流生，其他同学可选择自费。
3. 校际交流生请根据您的需要选择相应专业，并根据您的个人情况填写信息，依次保存并进入下一步。
4. 在管理员审核通过后，可在线缴纳报名费，选择您的银行卡类型，支付600元报名费。支付成功后，我们将会根据您填写的邮寄地址邮寄通知书和其他材料。

▶ 위의 글에 관한 설명으로 알맞은 것에 ✓, 알맞지 않은 것에 X를 표시하세요.

Ⓐ 这是自费留学生的退学申请流程

Ⓑ 帐号申请结束后不可以选择专业

Ⓒ 填写个人信息后不能在线交报名费

Ⓓ 支付的报名费被确认后将邮寄通知书

단어

官方 guānfāng 명 정부 당국, 공식 | **帐号** zhànghào 명 계정, 아이디, 계좌 번호 | **返回** fǎnhuí 동 돌아가다, 되돌아오다 | **页面** yèmiàn 명 페이지, 웹페이지, 화면 | **交流生** jiāoliú shēng 교환학생 | **自费** zìfèi 명 자비, 자기부담 | **填写** tiánxiě 동 써넣다, 기입하다 | **审核** shěnhé 동 (숫자 자료나 문서 자료를) 심사하여 결정하다 | **缴纳** jiǎonà 동 (규정에 따라) 납부하다, 납입하다 | **类型** lèixíng 명 유형, 장르 | **支付** zhīfù 동 지불하다, 내다 | **报名费** bàomíng fèi 등록금, 신청비, 참가비 | **邮寄** yóujì 동 우송하다, 우편으로 부치다

실용독해 2 상품 사용 주의 사항 商品注意事项

12-02

전자 상품 사용 시 주의 사항을 경고하는 글이다. 배터리와 관련된 주의 사항을 숙지하면서 알 수 있는 정보를 확인해 보자.

警 告

为减少发生火灾或触电的危险，请勿让本装置淋雨或受潮。

处理电池时，请将电池的触电包裹好以避免短路，并请遵守当地有关处理电池的规定。

请将电池或容易误吞的东西远离儿童存放。如果误吞了物体，请立即与医生联系。

如果发生以下情况，请立即取出电池并停止使用。

- 本产品跌落或受到强烈冲击，使产品的内部裸露。
- 产品发出奇怪的气味、发热或冒烟。

请勿拆卸电池。如果接触产品内部的高压电路，可能会触电。

▶ 위의 글에 관한 설명으로 알맞은 것에 ✓, 알맞지 않은 것에 ✗를 표시하세요.

Ⓐ 这是一则有关火灾安全的说明

Ⓑ 处理火灾时，不能淋雨或受潮

Ⓒ 如果产品发出异味要立刻取出

Ⓓ 产品内部裸露时需要装入电池

단어

警告 jǐnggào 명 경고 | **触电** chùdiàn 동 (사람 · 동물 등이) 감전되다 | **勿** wù 부 ~해서는 안 된다, ~하지 마라 | **装置** zhuāngzhì 명 장치, 시설 | **包裹** bāoguǒ 동 싸다, 포장하다 | **避免** bìmiǎn 동 피하다, (모)면하다, (나쁜 상황을) 방지하다 | **短路** duǎnlù 명 합선 동 합선되다 | **误吞** wù tūn 잘못하여 삼키다 | **跌落** diēluò 동 떨어지다 | **冲击** chōngjī 명 충격 | **裸露** luǒlù 동 발가벗어 드러내다, 노출하다 | **拆卸** chāixiè 동 분해하다, 해체하다 | **高压** gāoyā 명 높은 압력, 높은 전압

실용독해 3 공항 세관 서비스 안내 机场海关服务提示

12–03

아래는 공항 세관의 서비스 안내에 관한 글이다. 기본 원칙과 상세 규정에 대한 정보를 확인해 보자.

首都机场海关服务提示

基本原则：个人携带进出境的物品，应当以自用、合理数量为限，超出此范围的应当如实向海关申报[1]。进境旅客携带有下列物品的，应在《申报单》相应栏目内如实填报，并将有关物品交海关验核，办理有关手续[2]：

1. 动、植物及其产品，微生物、生物制品、人体组织、血液制品；
2. 居民旅客在境外获取的总值超过人民币5000元(含5000元，下同)的自用物品；
3. 非居民旅客拟留在中国境内的总值超过2000元的物品；
4. 酒精饮料超过1500毫升(酒精含量12度以上)，或香烟超过400支，或雪茄超过100支，或烟丝超过500克；
5. 人民币现钞超过20000元，或外币现钞折合超过5000美元；
6. 分离运输行李，货物、货样、广告品；
7. 其它需要向海关申报的物品。

단어

海关 hǎiguān 명 세관 | 携带 xiédài 동 휴대하다, 지니다 | 进出境 jìnchūjìng 동 입국·출국하다 | 超出 chāochū 동 (일정한 범위나 수량을) 초과하다, 넘다 | 如实 rúshí 부 사실대로 | 申报 shēnbào 동 서면으로 보고하다, 신고하다 | 填报 tiánbào 동 필요한 사항을 기입하여 보고하다 | 验核 yànhé 동 검사하고 대조하다 | 办理 bànlǐ 동 처리하다, 취급하다 | 手续 shǒuxù 명 수속, 절차 | 微生物 wēishēngwù 명 미생물 | 总值 zǒngzhí 명 총액 | 酒精 jiǔjīng 명 주정, 알코올 | 毫升 háoshēng 명 밀리리터(ml) | 含量 hánliàng 명 함량 | 香烟 xiāngyān 명 담배, 궐련 | 雪茄 xuějiā 명 시가, 엽궐련 | 烟丝 yānsī 명 살담배, 썬 담배, 각연초 | 现钞 xiànchāo 명 현금 | 折合 zhéhé 동 환산하다, 맞먹다, 상당하다 | 分离 fēnlí 동 분리하다 | 运输 yùnshū 동 운송하다, 운반하다 | 货样 huòyàng 명 상품 견본, 샘플

1 向……申报

'向……申报'는 '(상급·관련 기관)에 (서면으로) 보고하다'로 해석한다.

- 他向海关申报了从海外买回来的物品。
  Tā xiàng hǎiguān shēnbào le cóng hǎiwài mǎi huílái de wùpǐn.
  그는 해외에서 선물로 사 온 물건을 세관에 신고했다.

- 个体户需要每3个月向国税厅申报一次。
  Gètǐhù xūyào měi sān ge yuè xiàng guóshuìtīng shēnbào yí cì.
  자영업자는 3개월 단위로 국세청에 개별 신고해야 한다.

2 办理……手续

'办理……手续'는 국제 무역 문서에서 자주 쓰는 관용 표현으로 '어떠한 소속을 밟다'로 해석한다.

- 办理登机手续前，请确认护照和机票。
  Bànlǐ dēngjī shǒuxù qián, qǐng quèrèn hùzhào hé jīpiào.
  탑승 수속을 하기 전에 여권과 티켓을 확인하십시오.

- 会计带公司的公章，到银行办理取款手续。
  Kuàijì dài gōngsī de gōngzhāng, dào yínháng bànlǐ qǔkuǎn shǒuxù.
  회계원은 회사의 공인을 가지고 은행에 출금 수속을 밟으러 갔다.

실용독해 4 비자 규정 签证规定

12-04

아래는 중국 비자 신청 규정에 관한 글이다. 여권, 제출 사진, 비자 종류 등에 대한 정보를 확인해 보자.

最新签证规定

1. 护照：有效期为6个月以上、有空白签证页的护照原件及护照照片资料页复印件1份。
2. 签证申请表及照片：1份《中华人民共和国签证申请表》及1张粘贴在申请表上的近期、正面、彩色（浅色背景）、免冠、护照照片。
3. 合法停留或居留证明（适用于[1]不在国籍国申请签证者）：如您不在国籍国申请签证，您须[2]提供在所在国合法停留、居留、工作、学习的有效证明或有效签证的原件和复印件。
4. 原中国护照或原中国签证（适用于曾有中国国籍，后加入外国国籍者）：如您系首次申请中国签证，须提供原中国护照原件及护照照片资料页复印件；如您曾获中国签证并持新换发的外国护照申请签证，须提供原外国护照照片资料页及曾获得的中国签证复印件。

단어

签证 qiānzhèng 명 비자(visa), 사증(査證) | **有效** yǒuxiào 형 유용하다, 유효하다, 효과가 있다 | **复印件** fùyìnjiàn 명 복사물, 복사본 | **粘贴** zhāntiē 동 (풀 따위로) 붙이다, 바르다 | **免冠** miǎnguān 동 모자를 쓰지 않다 | **合法** héfǎ 형 합법적이다, 적법하다 | **停留** tíngliú 동 잠시 머물다, 체류하다 | **居留** jūliú 동 거류하다, 체류하다 | **适用** shìyòng 동 적용하다, 적합하다 | **国籍** guójí 명 국적 | **须** xū 조 반드시 ~하여야 한다, 마땅히 ~하다 | **曾** céng 부 일찍이, 이미, 벌써, 이전에 | **系** xì 동 ~이다 [판단을 나타내며, 是에 상당함] | **获得** huòdé 동 얻다, 취득하다, 획득하다

1 适用于

'适用'과 '于'가 결합한 표현으로 '(어느 범위)에 적용하다', '(어느 분야)에 적당하다' 등으로 해석한다.

- 这种药适用于急性胃炎。
  Zhè zhǒng yào shìyòngyú jíxìng wèiyán.
  이 약은 급성 위염에 효과적이다.

- 这本教科书不适用于初学者。
  Zhè běn jiàokēshū bú shìyòng yú chūxuézhě.
  이 교과서는 초보자에게 적당하지 않다.

2 须

'须'는 동사 앞에 쓰여 사람의 의지를 나타나는 조동사(능원동사)이다. '반드시 ~해야 한다' 혹은 '~할 필요가 있다'로 해석한다. 또한 '必'와 함께 쓰여 주관적인 필요성이나 명령의 어감을 나타낸다.

- 学生必须努力学习。
  Xuésheng bìxū nǔlì xuéxí.
  학생은 반드시 열심히 공부해야 한다.

- 作业必须明天完成。
  Zuòyè bìxū míngtiān wánchéng.
  숙제는 내일 반드시 다 해야 한다.

실전연습문제

1. 请选出与下面图片上内容一致的一项。

(1)

会员须知 Notes to the card holders

- 此卡限本人使用不得转让。
- 持此卡享受本店前台售价直减50元优惠政策，长期有效。
- 凭此卡享受所有罗盘卡合作酒店的会员优惠服务。
  您和你的朋友可共享此卡优惠，但消费积分兑奖仅能记在此卡名下的会员中。
- 使用此卡表示您已经接受人人来商务酒店会员及罗盘卡的各项使用规则。

A 这是一个关于手机卡使用的说明

B 此卡的会员可以和友人共同使用优惠

C 此卡的会员可以和友人共享积分兑奖

D 申请补卡时不需要交纳手续费

(2)

1. 入厂前须到门卫办理入厂刷卡登记手续，一人一卡。
   并按规定穿戴好劳动防护用品后方可进入。
2. 厂区内严禁吸烟和携带明火。
3. 来访人员登记后，经部门经理以上领导同意并安排本公司相关工作人员陪同方可进入厂区，对于酒后人员一律不得进入厂区内。
4. 进入厂区后未经许可，禁止触摸各种设施，不得拍照摄影。
5. 动土、动火、登高，进入受限容器等作业须取得相关批准的作业票。

A 这是一则有关公司产品的说明

B 没有办理登记的人员可以借用他人的卡

C 来厂访问时须经同意并需要相关人员陪同

D 如果想在厂内作业，不需要取得相关批准

(3)

♦ 洗涤与保养 ♦

1. 普通毛衣应用中性的专业洗涤剂洗，含量在70%以上羊毛成分的衣服需送专业洗衣店洗涤；
2. 轻柔手洗，忌用力搓扭，应轻轻抓揉。漂洗干净后轻扭去水，毛衣禁止用洗衣机洗或脱水，穿着比较合体的款式建议顾客洗后中温熨烫以保存尺寸。
3. 毛衣洗后甩干会缩水变小，而带水晒毛衣又会拉长变大。洗后不缩水的方法是：将毛衣用浴巾包起压干水分，然后整理平整，再挂起晒干，毛衣就不会缩水了；洗后不伸长的方法：将压干的毛衣放在网兜里，放前最好整理平整，然后叠好后放进去，让其自然干，毛衣就不会伸长变细了。
4. 确认衣物晾透后，可放入樟脑丸，可用拷贝纸包。
5. 做大衣的梭织羊毛类（羊驼毛、兔毛类）建议干洗，一般穿几天后放置几天，疲劳穿着会导致变形，平时可用毛刷顺毛梳理。

A 这是一个有关产品洗涤与保养方法的说明

B 洗涤此产品时必须在专业洗衣店洗涤

C 洗涤此产品时可以使用洗衣机洗涤

D 洗涤此产品后产品不会缩水也不会伸长

(4)

使用说明：

1. 本券有效期一年，2017年1月1日至2017年12月31日。
2. 本券仅限出境游线路产品使用，两人共计会有○○元。
3. 本券仅限使用一次，特价旅游产品除外。
4. 本券不找零、不兑现金、盖章有效、复印无效。
5. 本券使用最终解释权归旅行社所有。

A 这是一张百货公司发行的商品券

B 本商品券可以适用于国内游和出境游

C 使用本券不能购买特价旅游产品

D 本券如果丢失可以向旅行社申请挂失

2. 从下面四个选项中选择最恰当的一项填在横线上。

(1) 如您______首次申请中国签证，须提供原中国护照原件。

A 系　B 向　C 给　D 来

(2) 进入厂区后________许可，禁止触摸各种设备设施。

A 曾经　B 经过　C 经常　D 未经

(3) ______有关物品交海关验核，办理有关手续。

A 被　B 使　C 将　D 令

3. 请选择排列顺序最恰当的一项。

(1) A 校际交流生请根据需要选择专业您的。
B 校际交流生根据请需要选择您的专业。
C 校际交流生请根据需要选择您的专业。
D 校际交流生请根据选择需要您的专业。

(2) A 以避免短路请将电池的触点包裹好。
B 请将电池的触点包裹好以避免短路。
C 请将电池的触点好包裹以避免短路。
D 以避免短路请将电池的触点好包裹。

(3) A 如误吞了物品，请立即与医生联系。
B 请立即与医生联系，如吞了误物品。
C 请立即与医生联系，如误吞了物品。
D 如吞了误物品，请立即与医生联系。

4. 阅读下列短文，然后从下面四个答案中选择最恰当的一项。 12-05

为确保广大同学生命、财产安全，切实杜绝寝室内的各种隐患，帮助同学牢固树立安全意识，请各位同学认真遵守本安全须知。

1. 认真学习《XX大学学生公寓管理规定》，切实提高安全意识。
2. 严禁私带公寓外人员进入公寓；严禁留宿非本寝室人员；严禁私调寝室。
3. 严禁私自挪动、损坏公寓内消防设施。
4. 严禁私自改动原有供电线路、私拉乱接电线、乱拉乱接插座；不购买和使用质量不合格的插座、充电器等。
5. 严禁在寝室内存放和使用电热毯、热得快、电热杯、电热壶、电磁炉、电饭锅、蒸蛋器、豆浆机、榨汁机、除湿器、加湿器、电吹风、电夹烫板、电暖气、暖手宝、暖脚垫、电熨斗、挂烫机、大型电风扇、变压播排等违禁电器。

(1) 下列选项中，不属于管理规定的一项是：

A 严禁带非宿舍人员进入寝室　　B 严禁使用不合格的电器设备

C 严禁自己调换寝室　　D 严禁晚上12点之后大声喧哗

(2) 此安全须知的发布方是：

A 私营企业　　B 国家机关

C 事业单位　　D 大学学生公寓

(3) 下列选项中，说法正确的一项是：

A 学生们可以留宿非寝室人员

B 学生们需要切实提高安全意识

C 学生们可以自己改造使用消防设施

D 学生们可以在寝室内存放电饭锅

활동학습

收集日常生活中常用的三种商品使用说明书，贴在下面空格内，并说明其用途。

➔

➔

➔

신고서

중국에서 사용하는 서식에는 업무의 성격에 따른 전문 용어들이 사용되므로 반드시 관련 어휘를 숙지할 필요가 있습니다. 본 과에서는 출입국 관련 신고서, 은행 계좌 신청서, 거류증 신청서, 신체 검사표 등의 서식을 소개합니다.

실용독해

실용독해 1 입국 카드 外国人入境卡

외국인이 중국에 입국할 때 작성하는 입국카드를 살펴보자. 개인 정보, 여권과 비자 번호, 항공편, 입국 사유 등을 표기하고 서명을 하게 되어 있다.

外国人入境卡
ARRIVAL CARD

请交边防检查官员查验
For Immigration clearance

姓 Family name ______ 名 Given names ______

国籍 Nationality ______ 护照号码 Passport No. ______

在华住址 Intended Address in China ______ 男 Male ☐ 女 Female ☐

出生日期 Date of birth 年Year 月Month 日Day

入境事由(只能填写一项) Purpose of visit (one only)

签证号码 Visa No. ______

会议/商务 Conference/Business ☐ 访问 Visit ☐ 观光/休闲 Sightseeing/in leisure ☐

签证签发地 Place of Visa Issuance ______

探亲访友 Visiting friends or relatives ☐ 就业 Employment ☐ 学习 Study ☐

航班号/船名/车次 Flight No./Ship's name/Train No. ______

返回常住地 Return home ☐ 定居 Settle down ☐ 其他 others ☐

以上申明真实准确。
I hereby declare that the statement given above is true and accurate.

签名 Signature ______

▶ 위의 표에 관한 설명으로 알맞은 것에 ✓, 알맞지 않은 것에 X를 표시하세요.

Ⓐ 这是一张外国人离开中国时要填写的表格

Ⓑ 这张卡填好之后要交给当次航班的空姐

Ⓒ 关于来中国的理由只能选一项

Ⓓ 在华住址一般填写住宿酒店

단어

入境卡 rùjìngkǎ 명 입국 카드 | 边防 biānfáng 명 변방 | 签发地 qiānfādì 명 비자 발급지 | 商务 shāngwù 명 상업적 업무 | 访问 fǎngwèn 명 방문 동 방문하다 | 观光 guānguāng 명 관광 동 관광하다 | 休闲 xiūxián 명 휴식 동 휴식을 즐기다, 레저 활동을 하다 | 探亲 tànqīn 동 친척(가족)을 방문하다 | 访友 fǎngyǒu 동 친구를 방문하다 | 常住地 chángzhùdì 명 상주하는 지역, 항상 거주하는 장소 | 定居 dìngjū 동 정주하다, 정착하다 | 申明 shēnmíng 동 분명히 설명하다, (선언, 성명 등을) 표명하다

실용독해 2 은행 통장 개설 신청서 开户申请书

중국의 은행에서 통장을 개설할 때 사용하는 신청서를 살펴보자. 필수 기입란과 선택 항목이 있으며, 이름, 신분증 등 개인정보 기재와 함께 예치 금액, 예금 종류, 현금 인출 방식 등을 표기하게 되어 있다.

中国银行开户申请书

一、必填项目(请完整填写以下各项，对于您的个人资料，本行将严格保密)

姓名:________ 证件名称:________ 证件号码:________

代办人姓名:________ 证件名称:________ 证件号码:________

地址:________ 电话:________

二、选填项

开户存款币别:________ 金额(小写):________

存期(定期填写):________ 支取方式: □ 凭密码支取 □ 凭印签支取

种类: □ 活期一本通 □ 定期一本通 □ 零存整取 □ 教育储蓄 □ 存本取息 □ 其他:____

(以下各项请在是与否中选择一项，并另行填写相应申请表)

开通电话银行: □ 是 □ 否

本人承诺上述填写的内容真实、有效、无误、并保证遵守背面《客户须知》的有关规定。

申请人签名:________ 年 月 日

▶ 위의 표에 관한 설명으로 알맞은 것에 ✓, 알맞지 않은 것에 ✗를 표시하세요.

Ⓐ 对于顾客的个人资料， 中国银行将严格保密

Ⓑ 去银行开户必须本人亲自去，别人不能代办

Ⓒ 支取方式有两种，凭密码或凭签名

Ⓓ 在新办理存折时，可以申请开通电话银行服务

단어

保密 bǎomì 동 비밀을 지키다 | **存款** cúnkuǎn 명 저금, 예금 동 예금하다 | **币别** bìbié 명 화폐 종류(币种) | **小写** xiǎoxiě 명 알파벳 소문자 | **存期** cúnqī 명 예금 기간 | **定期** dìngqī 명 정기 동 형 기한을 정하다 | **支取** zhīqǔ 동 (예금을) 찾다, (돈을) 받다(타다) | **密码** mìmǎ 명 비밀번호 | **印章** yìnzhāng 명 도장 | **活期** huóqī 형 예금자가 예금을 수시로 인출할 수 있는, 당좌의 | **一本通** yìběntōng 동일 은행 어느 지점에서든지 은행 업무가 가능한 통장 | **零存整取** língcún zhěngqǔ 성 푼돈을 저축하여 목돈을 찾다 | **教育储蓄** jiàoyù chǔxù 교육비 저축 | **存本取息** cúnběn qǔxī 매월 이자를 지불 받는 정기 예금 | **电话银行** diànhuà yínháng 텔레뱅킹, 폰뱅킹 | **背面** bèimiàn 명 배면, 후면

실용독해 3 비자·거주 허가증 신청 시 주의 사항

13-01

비자나 거주 허가증 등을 신청할 때의 주의 사항을 살펴보자. 신청 사안 관련 고지서 참조하기, 소속 기관에서 대리 신청하기, 신청 수속에 걸리는 시간, 출입국 관리소의 권한, 수속에 필요한 비용 등과 관련된 내용이 명시되어 있다.

注意事项

1. 为避免给您的申请带来不便，请务必在申请办理签证或居留许可前，仔细阅读与您的申请事项相关的“告知单”，并依照“告知单”的要求履行手续、提交相关的证明材料。
2. 接待单位在代办申请人签证、居留许可时须填报“涉外接待单位备案登记表”，已填报过的单位办证时应主动出示该表。
3. 通常情况下，请提前5天申请签证或居留许可。经批准给您签发的签证、居留许可的有效期从受理申请之日算起，同时会注销您原持有的签证、居留许可。
4. 出入境管理局有权依法拒发外国人签证、证件，对已发出的签证、证件有权吊销或宣布作废。
5. 受理、审批、签发签证或居留证需5个工作日。请您在领取证件时，凭加盖“缴费确认章”的回执单缴纳费用（使用“银联卡”缴费更便利）。

단어

务必 wùbì 부 반드시, 꼭 | **依照** yīzhào 동 ~을 따르다, ~에 의하다 | **履行** lǚxíng 동 이행하다, 실행하다 | **接待** jiēdài 명 접대 동 접대하다 | **涉外** shèwài 동 외교에 관련되다 | **提前** tíqián 동 (예정된 시간이나 기한을) 앞당기다 | **签发** qiānfā 동 서명하여 발급하다 | **注销** zhùxiāo 동 (등기한 것을) 취소하다, 말소하다 | **拒** jù 동 거절하다 | **吊销** diàoxiāo 동 (발급해 준 증명을) 회수하여 취소하다 | **作废** zuòfèi 동 폐기하다, 무효로 하다 | **审批** shěnpī 동 (주로 상급기관이 하급기관의 보고를) 심사하여 허가하다 | **盖** gài 동 (도장을) 찍다 | **章** zhāng 명 도장, 조항, 조목 | **回执单** huízhídān 명 영수증, 수령증, 간단한 회답 쪽지 | **银联卡** Yínliánkǎ 명 은련카드 [중국은행연합회주식유한회사에서 발행하는 은행 카드]

1 上과 下

'上'과 '下'는 서식을 기입하는 설명에서 여러 단어들과 조합하여 사용된다. 예를 들어 '述'와 조합하면 '上述', '下述', '列'와 조합하면 '上列', '下列' 등으로 사용된다. 또한 '如'와 결합하여 '如上', '如下' 처럼 사용되기도 한다.

- 携带有下列物品请在"□"划"✓"。
  Xiédài yǒu xià liè wùpǐn qǐng zài "□" huà "✓".
  아래에 열거한 물품을 소지한 것이 있다면 네모 칸에 체크 표시를 하시오.

- 携带有上述物品的，请详细填写如下清单。
  Xiédài yǒu shàngshù wùpǐn de, qǐng xiángxì tiánxiě rú xià qīngdān.
  위에 설명한 물품을 소지하였다면 아래 명세서에 상세히 기입해 주십시오.

2 한 글자 표현법

서식 기입과 관련된 설명이나 주의 사항에는 주로 한 글자로 함축된 표현을 사용한다. 이는 뜻글자인 한자의 특성이 잘 드러나는 부분이며, 평소에 문어체 표현을 사용하는 문건들을 살펴보면서 이러한 표현에도 익숙해지도록 하자.

- 已填报过的单位办证时应主动出示该表。
  Yǐ tiánbào guo de dānwèi bàn zhèng shí yīng zhǔdòng chūshì gāi biǎo.
  이미 서식을 기입, 보고한 기관은 증서 처리 시, 주동적으로 해당 서식을 제시하세요.

- 出入境管理局有权依法拒发外国人签证、证件，对已发出的签证、证件有权吊销或宣布作废。
  Chūrùjìng guǎnlǐjú yǒu quán yī fǎ jù fā wàiguó rén qiānzhèng、zhèngjiàn, duì yǐ fāchū de qiānzhèng、zhèngjiàn yǒu quán diàoxiāo huò xuānbù zuòfèi.
  출입국관리소는 법에 의거 외국인의 비자, 증서 발급을 거절할 권리를 지니며, 이미 발급한 비자, 증서에 대하여 회수하여 취소하거나 폐기를 선언할 권리를 지닌다.

실전연습문제

1. 请选出与下面图片上内容一致的一项。

(1)

中华人民共和国出入境检验检疫
入境健康检疫申明卡

旅客须知：为了您和他人的健康，请如实逐项填报；如有隐瞒或虚假填报，将依据有关法律予以追究。

姓名________　　性别____□男　□女________

出生日期_____年__月　　国籍/地区____________________

护照号码_________　　车(船)次/航班号______________

1、此前14天您到过的国家和城市____________________

2、此后14天内的联系地址和电话____________________

____

3、如您有以下症状，请在"□"中划"✓"

□发烧　□咳嗽　□呼吸困难　□呕吐　□腹泻

4、如您患有以下疾病，请在"□"中划"✓"

□精神病　□性传播疾病　□麻风病

□开放性肺结核　□艾滋病(包括病毒携带者)

我已阅知本申明卡所列事项，并保证以上申明内容正确属实。

旅客签名：　　　　日期：　　年　月　日

体温(检疫人员填写)：__________℃

A 必须填写抵达中国一个月前曾经访问过的国家

B 若入境前几天一直发烧，必须要申明

C 健康情况属于个人隐私，可以虚假填报

D 体温有多少度，须自己填好后提交

(2)

7、申请签证人员填写：For visa applicants

申请签证的种类 Type of visa you are applying for

F 商务 □ Business　C 乘务 □ Crew　J-2 记者 □ Correspondent　G 过境 □ Transit

L 探亲 □ Visiting relatives　L 旅游 □ Sight seeing　L 因其他私人事务 □ For other private purposes

申请签证的有效次数和有效期 Times of entries and validity of visa you are applying for

零次□ Zero　一次□ Once　二次□ Twice　多次□ Multiple　有效期至 Valid until ______ 年 Y ____ 月 M ____ 日 D

8、申请居留许可人员填写：For residence permit applicants

居留事由 Purpose of residence　学习 □ Study　记者 □ Correspondent　记者家属 □ Family member of correspondent

任职 □ Taking up post　任职者家属 □ Family member　就业 □ Employment　就业者家属 □ Family member of employment　其他□ Others

申请居留许可的有效期至 Valid until ______ 年 Y ____ 月 M ____ 日 D

9、居留许可变更 Register such changes : ______________________

姓名□ Name　国籍□ Nationality　护照号码□ Passport No.　居留事由□ Purpose of stay　偕行人□ Accompanying person(s)

住址□ Address　单位□ Institution　其他□ Others

10、申请其他事项 Other applications

申请外国人出入境证 □ Applying for Aliens' Exit-Entry Permit　护照报失证明 □ Certificate of loss of passport　其他 □ Others

我谨声明我已如实和完整地填写了上述内容并对此负责（如属代办，代办人签字）

A 这张表格是你在国内第一次申请护照时用的

B 申请签证的种类还可以包括各种私人事务

C 就业者家属的身份不能成为居留的事由

D 住址变更不必在这张表格里体现出来

(3)

临时住宿登记表

REGISTRATION FOR TEMPORARY LODGEMENT

姓名 Name		国家或地区 Country Or Region		房名 Room No.	
性别 Sex		出生日期 Date Of Birth	年 月 日 (Y) (M) (D)	房间质素人员数 Guests Checked In	
地址 Address				是否有贵重物品 Valuables Available	
证件种类 Type Of Travel Document		证件号码 No. Of Travel Document		签证种类 Type Of Visa	
在华停留有效期 Date Of Expiry		入店日期 Arrival Date	年 月 日 (Y) (M) (D)	离店日期 Departure Date	年 月 日 (Y) (M) (D)
要求 Requirement	1. 本人登记本人住宿 Those who booked in must be those who check in 2. 一证不能登记多个房间 One certificate used for checking in is not available more than one room 3. 使用有效证件如实填写个人信息 Only valid certificate can be used and genuine personal information is required				
备注 Remarks					
住客签名 Guest Signature		接待员签名 Receptionist			

重庆市公安局监制

SUPERVISED BY CHONGQING SECURITY BUREAU

A 抵达中国后临时入住某宾馆时会填写这张表格

B 你有家人同住一个房间，不用填写共有几个人

C 若有贵重物品，最好不要注记在该表里面

D 这张表格只需住客签名，不需接待员签名

(4)

新开户客户联动签约

- □ 开立储蓄卡、存折账户客户同步开通电子银行业务
- □ 客户在开户申请书中选择电子银行开通选项，无需另外填写电子银行申请表
- □ 客户需在电子银行服务协议上签字确认，加盖经办行业务用公章
- □ 截至7月底，新开借记卡客户短信联动签约率为9.43%，9月底提高到12.01%，其中：
  8月为19.38%　9月为21.28%

A 不可以在开户申请书中选择电子银行开通选项

B 客户只需在电子银行服务协议上签字，不需盖任何公章

C 这是一张新开户客户联动签约的告知单

D 新开借记卡客户的短信联动签约率没有变化

2. 从下面四个选项中选择最恰当的一项填在横线上。

(1) 按照告知单的要求________手续、提交相关的证明资料。

A 申报　　B 处理　　C 办事　　D 履行

(2) 请仔细阅读申报单背面的填单________后填报。

A 须知　　B 内容　　C 信息　　D 所说

(3) 我已经阅读本申报单背面所列事项，并保证所有申报________。

A 事实　　B 真的　　C 属实　　D 真实

3. 请选择排列顺序最恰当的一项。

(1) A 在代办申请人签证、居留许可时须接待单位填登记表。
B 接待单位在代办申请人签证、居留许可时登记表须填。
C 接待单位在代办申请人签证、居留许可时须填登记表。
D 在代办申请人签证、居留许可时登记表须填接待单位。

(2) A 出入境管理局有权拒发依法外国人签证、证件。
B 依法拒发外国人签证、证件，出入境管理局有权。
C 拒发依法外国人签证、证件，有权出入境管理局。
D 出入境管理局有权依法拒发外国人签证、证件。

(3) A 开立存折账户客户电子银行业务同步开通。
B 开立存折账户客户同步开通电子银行业务。
C 电子银行业务开通同步存折账户客户开立。
D 电子银行业务同步开通开立存折账户客户。

4. 阅读下列短文，然后从下面四个答案中选择最恰当的一项。 13-02

教你如何开通支付宝

怎么开通支付宝？怎样申请支付宝账号？

一、首先要打开http://www.alipay.com官方唯一网址。

二、然后点击新用户注册。

三、选择手机注册或E-mail注册。推荐手机注册，比较方便一点，也比较适合新手。如果E-mail注册，你还要讲解你的E-mail是什么、如何申请等问题。

四、输入可以接收短信的手机号码（E-mail注册的，请输入E-mail），自己的真实姓名（跟钱财有关的问题，一定要真实姓名），登录密码等，然后同意协议，并提交。

五、用手机注册支付宝的手机上会收到一条短信，里面包含验证码。用E-mail注册的验证码在邮箱里面。在网页上输入验证码，提交。

六、如果没有意外，到这一步，支付宝账号就已经开通了。

(1) 下列选项中，与原文不符的一项是：

A 申请支付宝账号，首先要打开一个官方唯一的网址

B 第二，你要点击新用户注册

C 申请支付宝账号，只能用你的手机

D 要输入手机号码，自己的真实姓名，登录密码等

(2) 有关支付宝，这在说明什么呢？

A 用支付宝怎样付款

B 支付宝怎样处理钱财问题

C 怎样申请支付宝账号

D 怎样设立验证密码

(3) 下列选项中，说法正确的一项是：

A 如果你是新用户，E-mail 比手机更适合申请

B 输入完手机号，真实姓名，登录密码之后，可以直接提交

C 用 E-mail 注册的，无法收到验证码

D 收到的验证码，要在网页上输入进去

활동학습

请分组讨论，根据下面的表格，各填一份个人简历表。

个人简历表					
姓　　名		性　　别		出生年月	
政治面貌		民　　族		籍　　贯	
学　　历		专　　业		毕业年份	
身　　高		健康状况		联系方式	
教育背景/毕业院校					
奖惩情况					
外语等级			计 算 机		
工作经历/职务经历			离职原因		
求职意向					
爱　　好/自我评价					

서한

중국에서 서한(서신)은 각 용도와 목적에 맞게 다양한 상용어, 상용구를 사용합니다. 일상 회화체보다는 격식과 품위를 갖춘 문어 표현을 주로 사용합니다. 본 과에서는 감사 서한, 축하 서한, 초청 서한, 업무용 서한 등을 살펴봅니다.

실용독해 1 약속 서한 约定信函

14-01

약속 서한에는 주로 미팅, 회의, 모임 등의 만나는 목적, 시간, 장소 등을 명시한다. 구체적인 내용을 확인해 보고 문어체 표현도 주의해 보자.

尊敬的陈锐敏先生：

我们公司的经理王宏国先生将于3月14日至18日在北京调研开设售后服务中心事宜，3月15日下午2点若方便，王总将去拜访您，若不方便，请告知合适的时间。

时间比较仓促，望能尽快答复，不胜感激。

您诚挚的
东海公司 李 杰
2016年 3月 12日

▶ 위의 글에 관한 설명으로 알맞은 것에 ✓, 알맞지 않은 것에 ✗를 표시하세요.

Ⓐ 这是一封约定信函，商议与对方会见的具体时间和地点
Ⓑ 王经理计划3月15日下午两点拜访陈先生
Ⓒ 陈先生若要更改会面时间，可以充分考虑，不用急于答复
Ⓓ 王经理计划在北京开一个售后服务中心

단어

约定 yuēdìng 동 약속하다, 약정하다 | 信函 xìnhán 명 편지, 서신 | 开设 kāishè 동 설립하다, 차리다 | 调研 diàoyán 명 조사 연구 동 조사 연구하다 | 售后服务中心 shòuhòu fúwù zhōngxīn 애프터 서비스 센터 | 告知 gàozhī 동 알리다, 통지하다 | 仓促 cāngcù 형 황급하다, 급작스럽다 | 尽快 jǐnkuài 부 되도록 빨리 | 答复 dáfù 명 회답 동 회답하다 | 不胜 búshèng 부 대단히, 매우 | 感激 gǎnjī 명 감격 동 감격하다

실용독해 2 소개 편지 介绍信

14-02

소개 편지는 상대방에게 특정인을 소개해야 할 때 쓰는 서신이다. 아래는 직원을 소개하면서 파견 출장 기간에 도움을 부탁하는 내용이다.

尊敬的李先生:

我们特向您介绍我们设备部的负责人许光辉先生。许先生将赴上海，访问几家重点生产厂家，并采购所需机械配件，为期半个月。如能帮他介绍几家可靠的生产厂家，并给予适当的帮助和建议，我们将十分感谢。

您诚挚的

王小明

2017年 4月 28日

▶ 위의 글에 관한 설명으로 알맞은 것에 ✓, 알맞지 않은 것에 ✕를 표시하세요.

Ⓐ 许先生可能两个星期之后抵达上海

Ⓑ 许先生在上海要访问几家重点生产厂家

Ⓒ 许先生可能在上海采购一些机械配件

Ⓓ 王小明希望对方向许先生提供适当的商务咨询

단어

设备部 shèbèi bù 설비부, 시설팀 | 重点 zhòngdiǎn 명 중점, 중요한 점 | 生产厂家 shēngchǎn chǎngjiā 제조사 | 可靠 kěkào 형 믿을 만하다, 확실하다 | 采购 cǎigòu 동 사들이다, 구입하다 | 机械 jīxiè 명 기계, 기계 장치 | 配件 pèijiàn 명 부품, 부속품 | 适当 shìdàng 형 적당하다, 알맞다 | 建议 jiànyì 명 건의, 제안 동 건의하다, 제안하다 | 诚挚 chéngzhì 형 성실하고 진지하다 | 咨询 zīxún 동 자문, 상의 명 자문하다, 상의하다

실용독해 3 감사 편지 感谢信

14-03

상대방에게 감사한 내용을 글로 표현한 서신이다. 한 졸업생이 취업한 이후 선생님들께 자신의 소식과 감사를 전하고 있다. 감사 표현과 서신 말미의 인사법을 살펴보자.

尊敬的[1]老师们：

你们好！我是2012级的学生崔慧敏。还记得我吗？我现在在上海浦东伊甸园儿童服装贸易公司工作，这家公司规模不大，但在业界相当有实力，尤其公司福利比较好，超出我的想象，我很满意。

最近我时常想起在北语学习的那段时间，老师们的授课及学校安排的文化活动，使我的汉语水平得到了飞速的提高，也使我更加全面地了解了中国文化习俗。而且老师们给我介绍中国朋友，我们相处得那么好，无话不谈。我深知有了老师们的悉心培养，才有今天的我。

亲爱的老师们，我真希望早日重返学校，看望老师和朋友们。在此，向老师们表达我深深的谢意！

此致

敬礼[2]

2012级 韩国留学生 崔慧敏

단어

北语 Běiyǔ 고유 북경어언문화대학(北京语言文化大学)의 약칭 | **浦东** Pǔdōng 명 푸둥 [상하이시 동쪽의 신개발지] | **儿童服装** értóng fúzhuāng 명 아동복 | **规模** guīmó 명 규모 | **业界** yèjiè 명 업계 | **授课** shòukè 동 강의를 하다 | **飞速** fēisù 형 나는 듯이 빠르다, 급속하다 | **相处** xiāngchǔ 동 함께 살다, 함께 지내다 | **无话不谈** wú huà bù tán 무슨 말이든지 하다, 하지 않는 이야기가 없다 | **深知** shēnzhī 동 깊이 알다 | **悉心** xīxīn 동 마음을 다하다, 전심전력하다 | **重返** chóngfǎn 동 되돌아오다(가다), 복귀하다 | **看望** kànwàng 동 방문하다, 문안하다 | **谢意** xièyì 명 감사의 뜻 | **此致** cǐzhì 이에 ~에 보냅니다 [서신의 끝에 쓰이는 상투어] | **敬礼** jìnglǐ 명 경례 동 경례하다

주요 표현

1 서신에 쓰이는 상투어

서신의 시작에서 수신자 앞에 주로 '**尊敬的**'를, 편지 말미에는 주로 '**此致敬礼**'를 쓴다. '**您诚挚的**'는 영어의 인사말을 그대로 번역한 표현이다. 이 외에도 서신에 쓰는 문어 표현으로 편지 서두의 '**敬启者**', '**敬覆者**'는 '삼가 아뢰다', '삼가 회답을 올리다'라는 표현이고, 마지막에 '회신을 기다리겠다'라는 '**等待你的回信**'은 '**盼复**', '**尚希见复**' 등의 표현으로 쓴다.

2 서신에 쓰이는 문어체적 표현과 인사말

중국어 서신에 자주 사용되는 문어체 표현과 인사말을 아래 표에서 확인해 보자.

일반 표현	문어체 표현
你的来信 很高兴收到你的来信	来函 欣接大涵(尊函)
收到了	收悉
很荣幸得到你…	承蒙 荷蒙
非常感谢	不胜感激
很抱歉	深以为歉 / 谨此致歉
请你原谅	请谅 / 见谅 / 海涵 / 涵谅
请你收下	敬祈笑纳

일반 표현	문어체 표현
请你检查收妥文件	希查收 / 查阅
等待你答复 希望你尽快回复	专此候复 即复为盼
等待你决定	敬候卓裁
现在	兹 / 现
恭敬地	谨
如果	如 / 若 / 倘

상계(商界) 인사	商祺 / 商安 / 钧安
학계(学界) 인사	敬请学安 / 文安 / 文祺
새해 인사	恭贺新禧 / 年禧 / 春厘
절기 인사	敬请春安 / 夏安 / 秋安 / 冬安
결혼 축하	恭喜新喜 / 燕喜 / 燕吉

1. 请选出与下面图片上内容一致的一项。

(1)

彭先生:

硕果累累辞旧岁，喜气洋洋迎新春。

在新春佳节来临之际，非常高兴地看到过去一年来我们双方合作所取得的成果。衷心希望我们之间良好的合作关系，在新的一年里更上一层楼，结出更丰硕的果实。

预祝新年快乐，贸易兴旺!

韩国悦天综合商司贸易部

金永泉

2018年 2月 12日

A 这是一封祝贺信函

B 这是一封询价的贸易信函

C 过去一年他们之间的合作不太顺利

D 写信的人希望自己贸易公司今年越加发展

(2)

敬启者:

日前参观贵公司在首尔国际展览中心展出的产品时，贵公司产品价廉物美，给我们公司留下了深刻的印象。我们对此类产品进口业务具有丰富的经验，非常愿意为贵公司提供促销服务。并且我们拥有自己的广告公司，善于运用最新的营销手段。如果能给予我方贵公司产品在国内的销售权，可以保证贵公司的营业额大幅增加。

希速见复!

韩南贸易综合商司 营销部

2016年 4月 27日

联系人：崔新颖

A 韩南商司对此类产品没有销售经验

B 韩南商司没有自己的广告公司

C 对方公司产品价钱便宜且质量好，不过韩南商司无法得到销售权

D 这是一封询问产品代理销售的贸易信函

(3)

有关单位：

中韩自贸协定于今年六月初正式签署，为加深中国工商界对协定政策的深入了解，进一步促进中韩两国企业间的务实合作，使更多企业分享贸易便利化成果，由中国国际商会、韩国贸易协会主办的中韩贸易投资研讨会将于9月16日（周三）下午在京举行。

届时，韩国贸易协会北京代表处、国务院发展研究中心等研究机构的专家、学者、商业代表将就协定政策进行解读，展开研讨。现诚邀贵单位主要负责人出席此次论坛。会议议程及参会回执请见附件。如有意参会，请于9月14日前将回执填妥后回转我部。本次活动免费。特此通知。

中国国际商会

2015年8月31日

联系人：赵晓红

电话：13902217804

A 韩中自贸协定于2015年9月16日正式签署

B 使更多企业分享贸易便利化是这次研讨会的目的之一

C 韩中贸易投资研讨会的主办单位就是中国国际商会

D 如有意参与，9月14日之前必须要缴纳参会费用

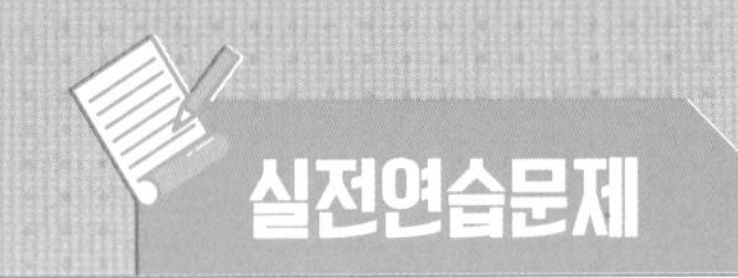

2. 从下面四个选项中选择最恰当的一项填在横线上。

(1) 期待进一步的接洽与合作！专此候复！顺祝________！

A 商祺　　B 燕喜　　C 文祺　　D 年禧

(2) 请速报最优惠到岸价及付款方式。多谢贵公司合作！________。

A 回复　　B 盼复　　C 答复　　D 回信

(3) 由于我公司经理目前出差，故无法接待。在此深表歉意，并________下次来访。

A 等待　　B 恭候　　C 等候　　D 预约

3. 请选择排列顺序最恰当的一项。

(1) A 已经收悉访问中国的来函关于贵公司贸易部部长朴先生。
B 已经收悉关于贵公司贸易部部长朴先生访问中国的来函。
C 关于贵公司贸易部部长朴先生的来函已经收悉访问中国。
D 关于贵公司贸易部部长朴先生访问中国的来函已经收悉。

(2) A 本人故特致函应聘，对该职很感兴趣。
B 故特致函应聘，本人对该职很感兴趣。
C 本人对该职很感兴趣，故特致函应聘。
D 本人特致函应聘，故对该职很感兴趣。

(3) A 依据长期合作原则，上述报价为我方销往贵公司的最优惠价。
B 上述报价为我方销往贵公司的最优惠价，依据长期合作原则。
C 依据长期合作原则，我方销往贵公司的最优惠价为上述报价。
D 我方销往贵公司的最优惠价依据长期合作原则，为上述报价。

4. 阅读下列短文，然后从下面四个答案中选择最恰当的一项。 

尊敬的先生/女士：

为促进贸易流通、产品对接、合作洽谈，搭建韩中两国企业商品流通和投资贸易交流平台，韩国贸易公司协会上海代表处定于2018年9月15日在上海浦东丽思卡尔顿酒店举办“2018秋季上海韩国商品贸易洽谈会”。

在此，竭诚邀请“贵司”出席本次活动，把握商机！

一，活动概要

会议时间：2018年9月15日 10:00–17:00

会议地点：上海浦东丽思卡尔顿酒店 2楼 浦东1号厅

主办单位：韩国贸易协会上海代表处

协办单位：上海国际商会、上海连锁经营协会

洽谈范围：化妆品、食品、生活用品、儿童用品等

活动规模：20家韩国商品供应商、80多家中国采购商

活动形式：现场1对1洽谈

二，会议议程

09:30–09:50 到场签到

09:50–10:00 开幕式

10:00–12:30 企业对接会（上午场）

12:30–14:00 午间休息/午餐

14:00–17:00 企业对接会（下午场）

*本次活动免费进行

(1) 这次贸易洽谈会的举办方是：

A 上海浦东丽思卡尔顿酒店　　B 韩国贸易协会上海代表处

C 上海国际商会　　D 上海连锁经营协会

(2) 下列选项中，不属于此次洽谈范围的是：

A 化妆品　　B 食品　　C 儿童用品　　D 家具

(3) 下列选项中，与原文不符的一项是：

A 此次活动协办单位有两家　　B 有20家韩国商品供应商参加

C 由80多家中国采购商来收费　　D 活动方位为现场一对一的洽谈

활동학습

请仿照下面求职信，各写一封自我推荐信。

东北亚贸易公司人事部经理先生：

本人从报纸广告获悉，贵公司现招聘一名营业员，要求有大学以上学历及两年以上同类工作经验。本人对该职很感兴趣。故特致函应聘。

本人毕业于南开大学英文系，性格开朗、善于沟通、责任感强。毕业后也曾在名胜贸易集团任职三年，学业及工作经验，均符合贵公司的入职要求。本人曾于2013年在河北省政府大学生英语演讲比赛中获得优秀奖。若能被贵公司录用，实为本人之荣幸。现随函附上个人履历表一份供参考，希望贵公司能给予面试机会。

敬祝

钧安

求职人　崔东梁　敬上

二零一六年二月十八日

15

실용독해 실전점검

一. 从下面四个选项中选择最恰当的一项填在横线上。

1. 这个问题是＿＿＿＿解决的?

A 什么　　B 怎么样
C 多么　　D 怎么

2. 这个商店营业＿＿＿晚上十二点。

A 到　　B 完
C 从　　D 是

3. 我代表全体工作人员＿＿＿您表示最诚挚的谢意。

A 与　　B 对
C 跟　　D 向

4. 快戒烟吧！等身体出了问题，＿＿＿＿也来不及了。

A 继续　　B 商量
C 后悔　　D 提醒

5. 如果你放弃了这个机会，以后＿＿＿＿再也不会遇到了。

A 从来　　B 就
C 会　　D 一定

6. 公司章程对公司的成立及运营________十分重要的意义。

A 具有　　B 享有
C 必有　　D 另有

7. 非常________邀请阁下参加深圳五星酒店新年晚会。

A 幸福　　B 荣幸
C 光荣　　D 高兴

8. 他向海关申报了从海关买________的物品。

A 出来　　B 拿来
C 进来　　D 回来

9. 该注册会计师事务所应向各方当事人____________会计报告。

A 出示　　B 出现
C 出具　　D 出来

10. 明天就是结婚的日子，我____________现在就去结婚礼堂。

A 舍不得　　B 巴不得
C 见不得　　D 笑不得

二. 下面的每组词语按照顺序都可以组成一个句子，请选择最恰当的顺序。

1. ① 李明的　② 挂着　③ 宿舍　④ 全家的　⑤ 一张　⑥ 合影

A 李明的宿舍挂着全家的合影一张。
B 李明的宿舍一张挂着全家的合影。
C 宿舍挂着一张全家的李明的合影。
D 李明的宿舍挂着一张全家的合影。

2. ① 现在　② 在看　③ 都　④ 太阳的后裔　⑤ 电视连续剧　⑥ 韩国的

A 现在在看都韩国的电视连续剧太阳的后裔。
B 都现在在看韩国的电视连续剧太阳的后裔。
C 现在都在看韩国的电视连续剧太阳的后裔。
D 现在都在看太阳的后裔韩国的电视连续剧。

3. ① 高兴地　② 非常　③ 看到　④ 我们　⑤ 所取得的　⑥ 成果
⑦ 双方合作

A 非常高兴地看到所取得的我们双方合作成果。
B 非常高兴地看到我们双方合作所取得的成果。
C 高兴地非常看到我们双方合作所取得的成果。
D 高兴地看到我们双方合作所取得的非常成果。

4. ① 孩子 ②表弟的 ③ 艺术学校 ④ 确实 ⑤ 要考 ⑥ 我

A 表弟的我孩子确实要考艺术学校。

B 我表弟的孩子要考艺术学校确实。

C 我表弟的孩子确实要考艺术学校。

D 我表弟的孩子艺术学校确实要考。

5. ① 这几天 ② 不是 ③ 弹钢琴 ④ 他 ⑤ 唱歌 ⑥ 就是

A 这几天他不是唱歌就是弹钢琴。

B 这几天不是他唱歌就是弹钢琴。

C 这几天就是他不是唱歌弹钢琴。

D 他不是这几天唱歌就是弹钢琴。

6. ① 多花点钱 ② 也行 ③ 出租 ④ 或 ⑤ 坐 ⑥ 小公共汽车

A 多花点钱坐小公共汽车或出租也行。

B 多花点钱或坐小公共汽车出租也行。

C 多花点钱坐出租小公共汽车或也行。

D 坐小公共汽车多花点钱或出租也行。

7. ① 自贸协定 ② 中韩 ③ 正式 ④ 于 ⑤ 六月初 ⑥ 签署 ⑦ 今年

A 中韩自贸协定于今年六月初正式签署。

B 自贸协定于今年六月初中韩正式签署。

C 中韩自贸协定于今年六月初签署正式。

D 今年于六月初中韩自贸协定正式签署。

8. ① 对 ② 丰富的 ③ 进出口业务 ④ 我们 ⑤ 具有 ⑥ 经验
⑦ 此类产品的

A 我们具有丰富的对此类产品的进出口业务经验。
B 我们对此类产品的进出口业务具有丰富的经验。
C 我们具有丰富的经验对此类产品的进出口业务。
D 对此类产品的进出口业务具有我们丰富的经验。

9. ① 开往 ② 21次 ③ 检票 ④ 现在 ⑤ 上海的 ⑥ 特快列车 ⑦ 开始

A 开往上海的21次特快列车开始检票现在。
B 开往上海的21次特快列车开始现在检票。
C 上海的开往21次特快列车现在开始检票。
D 开往上海的21次特快列车现在开始检票。

10. ① 将会 ② 根据 ③ 您填写的 ④ 我们 ⑤ 通知书 ⑥ 邮寄
⑦ 邮寄地址

A 我们根据您填写的邮寄地址将会邮寄通知书。
B 我们邮寄通知书将会根据您填写的邮寄地址。
C 我们通知书将会根据您填写的邮寄地址邮寄。
D 我们将会根据您填写的邮寄地址邮寄通知书。

三. 请选出与下面各段文字或图片上的内容一致的一项。

1.

梯次退票新规（金额/时限）

退票费为票价20%　开车前不足24小时

退票费为票价10%　开车前24小时以上不足48小时

退票费为票价5%　开车前48小时以上

A 上面是买火车票的新规定

B 上面广告是退火车票的新规定

C 买票后在一天以内退票可得票费的百分之二十

D 买票后在过一天退票可得票价的百分之十

2.

客户须知

单位租车：

需执单位营业执照副本，企业代码证书，单位公章或合同章，经办人户口本，身份证，驾驶执照（一年以上）押金3000~5000元。

A 单位租车时必须要有单位营业执照副本和单位公章

B 单位租车时必须要单位公章和协议公证书

C 单位租车时必须要有押金和存折

D 单位租车时必须要企业保证书和驾驶证

3.

夏季作息时间表

上午进校时间 7:30-7:50　　下午进校时间 2:30-3:00

上午			下午		
	预　备	7:50		预　备	3:00
	晨检、广播	7:50—8:20		第一节	3:10—3:40
	第一节	8:30—9:10		第二节	3:50—4:20
	第二节	9:20—10:00		第三节	4:30—5:00
	课间操	10:05—10:25		课外活动	5:10—5:40
	第三节	10:30—11:05		静　校	6:10
	第四节	11:15—11:50			

备注：1、一二三年级上午11:45放学，四五六年级11:50放学。
2、星期五下午5:00放学，5:10静校。
3、一二年级学生必须由家长接送。

A 这作息时间表说明上午来校时间是七点五十分

B 这作息时间表说明一年级、二年级的学生不能自己回家

C 从这作息表中我们知道他们每天六点多放学

D 这作息时间表说明低年级的学生只上上午课

4.

产品质量合格证书

天质技监证（2010）字第2088号

生产企业 天长市华玻实验仪器厂　产品名称 玻璃仪器、实验仪器

产品型号 SYTG　检验依据 GB12805/1991　有效期 2013年3月14日

经抽样检验，该产品各项指标符合标准要求，质量合格。

天长市质量技术监督局

2010年3月14日

A 天长市质量技术监督局对天长市华玻实验仪器厂的所有产品进行了检验

B 天长市质量技术监督局对该厂的玻璃仪器，实验仪器产品样样进行了检验

C 天长市质量技术监督局于1991年对该厂产品进行了检验

D 此证书说产品质量合格证书有效期满三年

5.

证 书

李佳辉 同志：

经单位推荐，于二〇一二年三月二十四日至四月一日期间，按时参加了重庆市永川区公安局、重庆市永川区教育委员会举办的“永川区2012年春季第二期校园保安培训”，经考试合格，达到培训要求，特发此证。

重庆市永川区公安局　重庆市永川区教育委员会
二〇一二年四月五日

A 本证书是有关永川区2012年第二期学校安全保险的培训

B 根据证书内容接受培训的人是自愿参加的

C 培训期间是九天

D 培训期间不进行任何测试

6.

A 好又多超市愿招租与水果、蔬菜、肉、手饰相关的店铺

B 好又多超市的招商范围是饮料副食品，日常生活用品

C 好又多超市愿优先给有财富的人创造机会

D 好又多超市招收收款员十八名，售货员和促销员各八名

7.

A 此健身所的健身器材，大人小孩都可利用

B 在此健身区不能乱扔垃圾，但可以吸烟

C 在此健身区锻炼时不能讲话

D 使用健身区健身器材后，要马上关掉开关

8.

购物须知

1. 商品均为实物拍摄，但由于摄像条件可能会有轻微的差异。
2. 新罗网上免税店的商品与新罗免税实体店的易购价可能会有所不同。
3. 领取商品后，按照关税法令及有关告示，限制商品交换，请您注意。
4. 提交订单后，因商品或订单问题，订单有可能会被取消。
5. 商品有问题时，客服中心直接联系您。
6. 若出境日期后30日以内未领取商品的话，订购将被取消。亦该订单上使用的积分、优惠券同时失效。

A 你购物以后过了30天没领取物品的话，购物自动取消

B 出售的商品有问题时，只能你直接给服务中心打电话联系

C 这个购物须知告诉我们，他们出售的商品跟他们摄影拍下的物品完全一样

D 新罗网上免税店的商品与新罗免税实体店的东西的价格一样

9.

品牌：丹雪尼兰

名称：睡睡白补水润白睡眠面膜

产地：广州　　　　　　　　　规格： 80g

成份：抗过敏因子，植物精华，保温因子，抗组织胺因子等。

产品功效：

◈ 万倍滋润：能深层高倍滋养皮肤细胞，平衡皮肤新陈代谢，修复受损皮肤细胞，改善皮肤粗糙现象。

◈ 超强渗透：快速超强渗透肌肤，深层清洁，淡化黑色素，减淡色斑，除去暗黄，令肌肤焕然一新，质感亮丽。

◈ 加倍吸收：质地清透加倍吸收，解决肌肤晒伤晒黑烦恼，针对晒后肌肤进行深度美白修护，把肌肤晒后损伤降到最低。

A 丹雪尼兰雪膏具有过敏因子和保温因子

B 丹雪尼兰面膜具有动物脂肪和保温因子

C 丹雪尼兰面膜具有滋润肌肤，防晒等功效

D 丹雪尼兰面膜吸收力强，皮肤渗透力强，滋润肌肤功效大

10.

现场实习协议书

第1条(目的)

中国大洋公司代表(以下称“企业”)与韩国大韩大学李东成实习生(以下称“实习生”)，大韩大学总长(以下称“大学”)相互规定现场实习所需事项，并为诚实遵守并履行规定事项，协议如下:

第2条(现场实习期间)

现场实习期间是 2018.7.2~2018.7.31(30日)

第3条(实习支助费)

① 实习机关以教育目的接纳实习生

② 实习机关为学生的顺利实习，往实习生帐户支付实习支助费(2000元/月)。

第4条(现场实习实施方法)

现场实习是依据教育部《大学生现场实习运营规定》的，实习机关根据与大韩大学商议起草的现场实习计划实施运营现场实习。若发生有关现场实习规定外诸般事项，与现场实习支援中心和现场实习担当教授商议。

第5条(现场实习生的义务) 实习生遵守以下事项。

① 勤勉诚实履行现场实习课题。

② 现场实习期间遵守社规等诸般守则。

③ 谨慎使用实习用机械，工具等其他装备。

④ 不可泄露现场实习中得知的企业机密。

第6条(现场实习评价)

现场实习机关评价现场实习生实习内容，并向大韩大学总长通报其结果。

第7条(产业灾害预防及补偿)

现场实习机关为预防产业灾害，对学生进行安全·保健教育。现场实习期间故意或因失误给企业造成损失的行为属本人(实习生)的责任。大韩大学总长为防备安全事故，给学生加入学生实习综合保险(伤害保险)。

第8条(遵用)

此协议书未记载事项，遵用教育部告示的《大学生现场实习运营规定》。

2018. 6. 20

“企业”	“实习生”	“大学”
公司名：大洋公司	专业：中文	大学名：大韩大学
地址：大连西区金马路31号	地址：釜山广域市莲山洞新阳路64号	地址：釜山广域市釜山镇区阳地路20
代表者：王鹏飞 (签名/印)	姓名：李东成 (签名/印)	总长：金道远 (签名/印)

A 这是实习生与现场实习机关签定的实习协议书

B 现场实习机关不给实习生一定的报酬

C 现场实习机关不负责实习生的伤害保险

D 现场实习生可在实习机关自由自在地工作

四. 阅读下列短文，然后从下面四个答案中选择最恰当的一项。

1-2 　　15-01

成家立业是一辈子的大事，如果谁到了结婚年龄还没有成家，亲人、朋友都会替他操心，一定要想办法帮他找一个合适的对象才放心。如果谁一辈子不结婚，很多人就会觉得不可理解。有一个幸福温暖的家，自己会十分满意，别人也会羡幕。因此，人们总在努力追求着这一目标。

人们都很看重自己的家庭。可以说，一结婚就一切以家庭为中心了。生活幸福不幸福，要看家庭怎么样，他们怎么能不为家庭去努力呢？现在，那种三代、四代人住在一起的大家庭已经越来越少了。一来是子女大了，有了工作，而且有不少人还在外地；二来大家庭有大家庭的难处，家庭成员之间不好相处，容易闹矛盾，结了婚另外单住的小家庭越来越多。一般来说，年轻人都想有一个自己的小家庭，而老人也觉得这样更好。不过，这并不是说家庭的观念就淡薄了。实际上，老人帮助儿女照看孙子孙女，儿女照顾身体不好的老人，以及逢年过节儿女们回去同父母团聚等等，都被认为是天经地义的事。路近的甚至可能每个周末都回去一次。在这方面，政府也给一些照顾。在外地工作，没有成家的人每年有20天的探亲假，工资照发，路费报销。成了家的可以每四年回去探亲一次。当然如果有急事，只要工作安排得开，随时都可以回去。人们常把探亲假留在春节，那时有了小家庭的儿女们带着孩子回到父母身边，团圆的大家庭是多么热闹，多么温暖啊！

1. 根据本文内容喜欢小家庭的生活方式的人是：

A 老年人　　B 年轻人

C 小孩子　　D 老年人和年轻人

2. 根据课文内容我们知道：

A 一个幸福的家主要是给别人看

B 两代人同住的家庭比以前多了

C 春节时儿女不回父母家过年是正常现象

D 政府每年都给人们放20天的探亲假

3-4

15-02

苦瓜以其苦味博得人们的喜爱。苦瓜的营养保健特点，首先是它含有较多的维生素C、维生素B1以及生物碱，其次是它含有的半乳糖醛酸和果胶也较多。苦瓜中的苦味来源于生物碱中的奎宁。

这些营养物质具有促进食欲、利尿、活血、消炎、退热和提神醒脑等作用。现代科学研究发现，苦瓜中的“多肽－P”物质是一种类胰岛素，有降低血糖的作用。西安医科大学已从苦瓜中提取出口服类胰岛素。美国科学家还发现，苦瓜中含有一种蛋白质类物质，具有刺激和增强动物体内免疫细胞吞食癌细胞的能力，它能同生物碱中的奎宁一起在人体内发挥抗癌作用。

苦瓜虽苦，但食用时味苦性凉，爽口不腻，在夏季食用倍感清爽舒适，有清心开胃的效果。而且它不会把苦味传给“别人”，如用苦瓜烧鱼、焖鱼，鱼块绝不沾苦味，所以苦瓜有“菜中君子”的别称。如将苦瓜泡制成凉茶在夏日饮用，可使人顿觉暑清神逸，烦渴皆消。有的地区将苦瓜切开，用盐稍腌，减少一些苦味，当凉菜吃。有的将苦瓜切成圈用肉糜、蒜薹、豆豉炖煮，做热菜吃。客家人有首山歌唱道：“人说苦瓜苦，我说苦瓜甜，甘苦任君择，不苦哪有甜？”这就是说，苦瓜自己是苦的，给人们带来的却是甜——健康和快乐。

3. 苦瓜中可以抗癌的成分是：

A 维生素C、维生素B1　　B 蛋白质类物质
C 生物碱中的奎宁　　D 类胰岛素

4. 这编文章主要介绍了：

A 苦瓜的营养特点和食用特色　　B 苦瓜的营养保健特点
C 苦瓜具有抗癌的功效　　D 人们都喜欢苦瓜的苦味

5-7

15-03

什么时候开始抽烟的，我已记不清楚了，只记得小时候经常看到大人抽烟，觉得挺好玩的，于是趁大人不在的时候，偷偷地从烟盒里抽出一支烟，跑到外边，自己一人或叫上几个小朋友，躲在一个角落里，学着大人的样子，偷偷地抽起来，可是往往被烟呛得咳嗽不停，被烟熏得眼泪直流，所以每次抽完，觉得并没有多大的意思。加上，父母有时候发现烟少了，虽然并没说是我干的，但是管得更严了，这样一来，烟也就没抽起来。

上大学以后，远离父母，自己一个人到外地去学习，有时不免有些寂寞、无聊，这时，看到别人抽烟，自己也试着抽，抽完后，确实也得到了一些满足。开始抽得还不多，渐渐地每天一支，很快就每星期一包，每天一包了。不过，俗话说“烟酒不分家”，自己抽烟的时候，总要递给周围的朋友分享，因此，一包烟并不都是我一个人抽完的。

上瘾之后，经济上的压力越来越大，再加上经常看到一些谈抽烟危害健康的文章，曾经苦恼了无数回，也曾经戒了好多次，但是多则一周，少则两天，就又忍不住了，见到烟就像饿极了的人见到食物一样，所以一直也没戒掉。

五年前，大学快毕业时，我突然想试一试自己克制的能力到底怎么样，于是就想从戒烟做起。我把剩下的烟全丢垃圾堆里，连打火机也送给了别人。开始两周，实在难受极了，有时简直手足无措，但是做实验太忙，要过烟瘾没有时间，实在忍不住，就吃一两粒瓜子，转移注意力。这样，等吃掉十多包瓜子，实验做完后，烟也居然彻底戒掉了。

现在，我基本上不抽烟，有时实在推辞不掉，也应付应付，不了解的人还以为我不会抽，哪知道我也曾是一个烟鬼呢！

5. “我”真正开始抽烟是什么时候?

A 小时候
B 上大学以后
C 工作以后
D 五年前

6. 上瘾以后，“我”曾经戒过烟，原因是:

A 没有钱买烟
B 上大学以后，远离父母很孤单
C 钱不够用，而且怕抽烟对身体不好
D 一包烟不是自己抽，要常分给朋友

7. “我”现在还抽不抽烟?

A 完全不抽
B 偶尔抽一点
C 不会抽
D 抽的很多

8–10

群体生活的蚂蚁经常独自外出寻找食物，有时要走很远的路。从很远的地方回到蚁穴，不是一件简单的事情。但小小的蚂蚁却有一套杰出的认路本领，即使浓云密布，或者地面被破坏，它们仍旧会找到蚁巢，只不过要多走些弯路而已。

为什么蚂蚁能够准确寻找归途，这个问题像谜团一样，长久吸引着动物学家的兴趣。在探索过程中，研究者也找到了蚂蚁用来辨别方向，行之有效的方法。比方说，发挥超常的记忆力，利用气味信息等。

不过，最新的研究发现令人意想不到——蚂蚁能够将“几何信息学”有效地“应用”在认路上。蚂蚁的这个特点是由英国科学家发现的，而相关研究成果发表在近期的《自然》杂志上。

科学家肯定，化学信息在蚂蚁识途中发挥着重要作用。研究结果显示，在蚂蚁外出觅食或回家的途中，一般情况下它们都会释放特殊的信息素气味来表示行进的轨迹——当行进路线出现一定角度的转弯时，它们便会释放这种微量的特殊气味作为路口路标，同时标示出来的路口角度还会暗示是否有食物源存在，或仅仅就是一条普通的岔路口。

研究人员在文章中介绍称，在对野外蚂蚁活动的研究过程中发现，当专职负责侦察任务的侦察蚂蚁从蚁穴出发后，它们会运用一种有特殊气味的信息素全面标示出其行进的轨迹，而后续出洞的工蚁们将依照这些信息素的指示向有食物的目的地进发。

8. 蚂蚁外出时，如何标示他们行进的路线：

A 凭借记忆力
B 画出几何图形的地图
C 在路口留下一些食物
D 释放特殊的信息素气味

9. 下面哪一项不符合文章：

A 动物学家对蚂蚁如何找到归途一直很感兴趣
B 侦察蚁运用一种特殊气味的信息素标示路线
C 工蚁是专门负责侦察任务的蚂蚁
D 小小的蚂蚁有着一套令人称奇的认路本领

10. 本文的主要内容是：

A 有关蚂蚁识途的最新研究结果
B 蚂蚁如何找到自己的家
C 介绍神奇的蚂蚁
D 蚂蚁与几何

모범답안

01

실용독해 1 p.8

Ⓐ √ Ⓑ X Ⓒ X Ⓓ √

실용독해 2 p.9

Ⓐ X Ⓑ X Ⓒ √ Ⓓ X

실전연습문제 p.14

1. (1) B (2) B (3) C (4) A
2. (1) A (2) D (3) C
3. (1) B (2) C (3) C
4. (1) C (2) B (3) D

02

실용독해 1 p.20

Ⓐ X Ⓑ X Ⓒ X Ⓓ √

실용독해 2 p.21

Ⓐ √ Ⓑ X Ⓒ X Ⓓ √

실전연습문제 p.26

1. (1) B (2) C (3) A (4) C
2. (1) B (2) D (3) B
3. (1) D (2) D (3) A
4. (1) C (2) C (3) B

03

실용독해 1 p.32

Ⓐ X Ⓑ √ Ⓒ X Ⓓ X

실용독해 2 p.33

Ⓐ X Ⓑ X Ⓒ √ Ⓓ X

실전연습문제 p.38

1. (1) C (2) A (3) C (4) D
2. (1) B (2) D (3) C
3. (1) A (2) C (3) B
4. (1) D (2) A (3) C

04

실용독해 1 p.44

Ⓐ X Ⓑ X Ⓒ X Ⓓ √

실용독해 2 p.45

Ⓐ X Ⓑ X Ⓒ X Ⓓ √

실전연습문제 p.50

1. (1) A (2) B (3) B (4) C
2. (1) D (2) C (3) D
3. (1) B - C - D - A (2) D - A - C - B (3) B - C - A - D
4. (1) C (2) D

05

실용독해 1 p.56

Ⓐ X　Ⓑ √　Ⓒ X　Ⓓ X

실용독해 2 p.57

Ⓐ √　Ⓑ X　Ⓒ X　Ⓓ X

실전연습문제 p.62

1. (1) D　(2) C　(3) D　(4) B
2. (1) C　(2) B　(3) A
3. (1) D　(2) B　(3) D
4. (1) D　(2) C

06

실용독해 1 p.68

Ⓐ √　Ⓑ X　Ⓒ √　Ⓓ X

실용독해 2 p.69

Ⓐ X　Ⓑ √　Ⓒ X　Ⓓ √

실전연습문제 p.74

1. (1) B　(2) C　(3) C　(4) A
2. (1) D　(2) C　(3) B
3. (1) B　(2) A　(3) D
4. (1) A　(2) C

07

실용독해 1 p.80

Ⓐ X　Ⓑ X　Ⓒ √　Ⓓ X

실용독해 2 p.81

Ⓐ X　Ⓑ √　Ⓒ X　Ⓓ X

실전연습문제 p.86

1. (1) D　(2) D　(3) A　(4) A
2. (1) C　(2) D　(3) A
3. (1) D - A - C - B　(2) C - B - A - D
   (3) B - D - A - C
4. (1) C　(2) D　(3) C

08 실용독해 실전점검 I p.92

一	二	三	四
1. B	1. B	1. D	1. D
2. B	2. D	2. C	2. B
3. C	3. D	3. B	3. A
4. D	4. A	4. B	4. C
5. A	5. C	5. D	5. C
6. D	6. A	6. A	6. B
7. B	7. D	7. B	7. D
8. A	8. C	8. A	8. A
9. A	9. B	9. D	9. A
10. A	10. A	10. D	10. C

09

실용독해 1 p.112

Ⓐ X Ⓑ X Ⓒ V Ⓓ X

실용독해 2 p.113

Ⓐ X Ⓑ X Ⓒ V Ⓓ X

실전연습문제 p.118

1. (1) A (2) D (3) C (4) A
2. (1) A (2) D (3) B
3. (1) C (2) D (3) A
4. (1) A (2) C (3) D

10

실용독해 1 p.124

Ⓐ X Ⓑ X Ⓒ V Ⓓ X

실용독해 2 p.125

Ⓐ V Ⓑ X Ⓒ X Ⓓ X

실전연습문제 p.130

1. (1) D (2) C (3) C (4) A
2. (1) D (2) A (3) B
3. (1) C (2) D (3) B
4. (1) B (2) D (3) C

11

실용독해 1 p.136

Ⓐ X Ⓑ X Ⓒ V Ⓓ V

실용독해 2 p.137

Ⓐ X Ⓑ X Ⓒ V Ⓓ X

실전연습문제 p.142

1. (1) D (2) A (3) C (4) B
2. (1) D (2) C (3) A
3. (1) A (2) D (3) C
4. (1) B (2) B (3) D

12

실용독해 1 p.148

Ⓐ X Ⓑ X Ⓒ X Ⓓ V

실용독해 2 p.149

Ⓐ X Ⓑ X Ⓒ V Ⓓ X

실전연습문제 p.154

1. (1) B (2) C (3) A (4) C
2. (1) A (2) D (3) C
3. (1) C (2) B (3) A
4. (1) D (2) D (3) B

13

실용독해 1 p.160

Ⓐ X　Ⓑ X　Ⓒ √　Ⓓ √

실용독해 2 p.161

Ⓐ √　Ⓑ X　Ⓒ X　Ⓓ √

실전연습문제 p.164

1. (1) B　(2) B　(3) A　(4) C
2. (1) D　(2) A　(3) C
3. (1) C　(2) D　(3) B
4. (1) C　(2) C　(3) D

14

실용독해 1 p.172

Ⓐ X　Ⓑ √　Ⓒ X　Ⓓ X

실용독해 2 p.173

Ⓐ X　Ⓑ √　Ⓒ √　Ⓓ X

실전연습문제 p.176

1. (1) A　(2) D　(3) B
2. (1) A　(2) B　(3) B
3. (1) D　(2) C　(3) A
4. (1) B　(2) D　(3) C

15 실용독해 실전점검 II p.182

一	二	三	四
1. D	1. D	1. B	1. D
2. A	2. C	2. A	2. B
3. D	3. B	3. B	3. B
4. C	4. C	4. D	4. A
5. B	5. A	5. C	5. B
6. A	6. A	6. B	6. C
7. B	7. A	7. D	7. B
8. D	8. B	8. A	8. D
9. C	9. D	9. D	9. C
10. B	10. D	10. C	10. A